ÜLIMAALNE MERESAMMAL KOKARAAMAT

Merest lauani, avastage merevetikate ja merevetikate maailma 100 tervisliku retseptiga

Tamara Kukk

SISUKORD

SISSEJUHATUS

Tere tulemast ÜLIMAALNE MERESAMMAL KOKARAAMAT, kus avastate merevetikate ja merevetikate uskumatut maailma. See üle 100 maitsva ja uuendusliku retseptiga kokaraamat näitab teile, kuidas seda toitainerikast koostisosa oma igapäevases toiduvalmistamises kaasata.

Igale retseptile on lisatud täisvärviline foto, nii et näete täpselt, kuidas teie roog välja peaks nägema. Samuti leiate üksikasjalikud juhised iga retsepti valmistamise ja küpsetamise kohta ning nõuandeid iga roa jaoks sobiva merevetika valimisel.

See kokaraamat viib teid kulinaarsele teekonnale ümber maailma alates soolastest suppidest ja hautistest kuni maitsvate salatite ja loominguliste sushirullideni. Siit leiate ka suupistete, magustoitude ja isegi kokteilide retsepte, mis sisaldavad merevetikaid ja seamossi, et saaksite nautida selle supertoidu eeliseid igal toidukorral. Olenemata sellest, kas olete merevetikate entusiast või uudishimulik algaja, on see kokaraamat teie teejuht merevetikate ja merevetikate maailma avastamiseks. Saate teada selle toitainerikka koostisaine kasulikkusest tervisele ja selle kohta, kuidas seda toiduvalmistamisel lisada, et toidukordade maitset ja toitumist parandada.

ALUSRETSEPTID

1. Mere sambla geel

Valmistab: 1 tass

KOOSTISOSAD:

- 1 tass leotatud merisammalt (umbes $\frac{1}{2}$ tassi enne leotamist)
- $\frac{1}{2}$ tassi puhastatud vett

JUHISED:

a) Alustuseks loputage samblat vees väga hästi
b) Kata sammal suures purgis või kausis vette ja lase letil 3 tundi kuni üleöö leotada ning pärast leotamist korralikult loputada. Mida kauem seda leotada, muutub sammal selgemaks ja rasvasemaks. Loputage enne kasutamist väga hästi meresoola ja mustuse eemaldamiseks.
c) Sega vesi ja sammal suurel kiirusel ühtlaseks.
d) Pasta säilib klaaspurgis külmkapis kuni 10 päeva.

3. Mere sambla pulber

Valmistab: 1 tass

KOOSTISOSAD:

- 1 tass merisammalt

JUHISED:

a) Loputage ja puhastage oma merisammal ning patsutage see kuivaks.

b) Kuivatage merisammal dehüdraatori või madalatel temperatuuridel ahjus, kontrollides samal ajal regulaarselt. Võite neid ka 1–3 päeva päikese käes õhu käes kuivatada

c) Kui teie merisammal on täielikult kuivanud, peate selle kohviveski, uhmri ja nuia või segisti abil pulbriks jahvatama.

d) Kui pulber on käes, hoidke seda õhukindlas kaanega klaaspurgis, et seda vajadusel kasutada. Hoida meresamblapulbrit suletud ja kuivas kohas.

4. <u>Merisambla piim</u>

Valmistab: $\frac{1}{2}$ tassi

KOOSTISOSAD:
- 2 supilusikatäit kanepiseemneid
- $\frac{1}{2}$ tassi kuivatatud meresammalt
- 2 tassi allikavett
- 2 purki kookospiima
- 2 tl vaniljeekstrakti
- 2 supilusikatäit agaavi (maitse järgi)

JUHISED:
a) Leotage sambla- ja kanepiseemneid allikavees vähemalt 6 tundi.
b) Sega blenderis merisammal, kanepiseemned ja pool allikaveest.
c) Lisa blenderisse kookospiim.
d) Lisa blenderisse vaniljeekstrakt.
e) Maitse ja lisa maitse järgi agaavi.

HOMMIKUSÖÖK

5. Vegan meresambla pannkoogid

Valmistab: 4 portsjonit

KOOSTISOSAD:

- 1 banaan
- $\frac{1}{2}$ tassi õunakastet
- Näputäis kaneeli
- 2 supilusikatäit merisammalt
- 1 supilusikatäis vaniljeekstrakti (valikuline)

JUHISED:

a) Lisa kõik koostisosad blenderisse ja blenderda, kuni saad pannkoogilaadse konsistentsi.

b) Kuumuta pannil õli ja prae pannkoogid mõlemalt poolt mulliliseks.

6. Hommikusöök Sea sambla acai kauss

Valmistab: 4 portsjonit

KOOSTISOSAD:
- Merisammal
- Acai marjapüree
- $\frac{1}{2}$ tassi granola
- 2 supilusikatäit maca pulbrit
- 2 supilusikatäit kakaopulbrit
- 1 supilusikatäis mandlivõid
- Teie valitud puuvili
- Kaneel

JUHISED:
a) Segage koostisosad ja lisage ülaosale värskeid puuvilju.
b) Nautige.

7. Keto röstsai

Valmistab: 4 portsjonit

KOOSTISOSAD:

- 2 supilusikatäit Sea Moss geeli
- 6 supilusikatäit vett
- $\frac{1}{2}$ tassi oliiviõli või avokaadoõli
- $\frac{1}{2}$ tassi kookosjahu
- 1 tl küpsetuspulbrit
- $\frac{1}{2}$ tl kuivatatud peterselli
- $\frac{1}{2}$ tl sibulapulbrit

JUHISED:

a) Lase ahjul 180 kraadini C eelsoojeneda

b) Keeda 4 supilusikatäit vett. Pärast keetmist segage vesi geeli sisse ja jätkake segamist, kuni tükid on kadunud.

c) Viige oma geelisegu suurde kaussi ja ühendage see ülejäänud koostisosadega. Segage, kuni kõik on ühtlane taigna tüüpi segu.

d) Vooderda ahjupann küpsetus- või küpsetuspaberiga ja aja taignasegu ühtlaselt laiali.

e) Küpseta 22–24 minutit või kuni pätsi servad on pruunistunud.

f) Kasutage metallvardat, et kontrollida ja veenduda, et keskosa on läbi küpsenud.

g) Võta ahjust välja ja tõsta kõrvale ning lase enne viilutamist 20 minutit jahtuda.

8. Sea Mossi munapuder

Valmistab: 4 portsjonit

KOOSTISOSAD:
KASTE
- 2 supilusikatäit meresamblageeli
- 3 supilusikatäit köögiviljapuljongit või puljongit
- $\frac{1}{2}$ tl Cayenne'i pipart
- $\frac{1}{4}$ teelusikatäit garam masala
- $\frac{1}{2}$ tl värskelt riivitud ingverit
- $\frac{1}{2}$ teelusikatäit Himaalaja kivisoola

TOFU SRAMBEL
- $\frac{1}{2}$ suurest paprikast
- $\frac{1}{2}$ suurest sibulast
- 1 kevadsibul
- 10 keskmist seent
- 1 tass beebikapsast
- 1 x 250 g kõva tofu plokki (või siidist tofut, et segu oleks parem)
- Teie valitud toiduõli

VALIKULISED HOOAJAKÖÖGIVILJAD
- Suvikõrvits
- Brokkoli
- Lillkapsas
- Nupukõrvits

JUHISED:

a) Suru oma tofut tofupressis (kui sul on) umbes pool tundi. Veenduge, et teil oleks kõva tofu.

b) Selleks võib kuluda umbes 10-15 minutit, nii et tehke seda siis, kui valmistate oma vürtsikale Vegan-munapuderile ülejäänud koostisosad. Pudrusegu vältimiseks veenduge, et väljuksite võimalikult palju vett.

c) Tofu pressimise ajal tükelda sibul, paprika, seened ja talisibul. Riivi ingver ja tõsta kastme jaoks eraldi kaussi kõrvale.

d) Kuumuta pann ja lisa meelepärane toiduõli. Tavaliselt valin oliiviõli või kookosõli, kuid sellise roa puhul pidage meeles valitud õli maitset. Prae sibulat, kuni see muutub kuldpruuniks.

e) Lisage seened ja laske neil veidi vett tilkuda ja vähendada. Järgmisena lisa paprika ja veidi köögiviljapuljongit või puljongit. Ärge lisage liiga palju vedelikku, kuna tofu imab selle endasse ja muutub hiljem lisamisel pudruks. Lase aeg-ajalt segades tasasel tulel podiseda 2 minutit. Kui lased sellel enne köögiviljapuljongi lisamist veidi seista ja glasuurida, tõstad paprikale rohkem tekstuuri ja maitset.

f) Võtke keedetud köögiviljad pannilt välja ja pange need järgmise sammu jaoks kõrvale.

g) Purusta oma tofu pannile erineva suurusega tükkidena, see lisab roale tekstuuri. Prae oma tofu vähese õliga kuumaks. See võib tavaliselt kesta 2 kuni 3 minutit.

h) Tofu küpsemise ajal segage kastet, lisades vürtse vähese köögiviljapuljongi või puljongi ja meresamblageeliga. See peaks olema umbes sama konsistentsiga kui paks kaste. Veenduge, et see oleks hästi kokku segatud.

i) Valage oma kaste pannil olevale tofule ja segage see kindlasti tofuga. Jätkake segamist keskmisel kuumusel, kuni kaste pakseneb ja haakub tofu külge.

j) Kui kaste on hakanud paksemat ilmet võtma, pange köögiviljad uuesti pannile ja segage uuesti kuumutamiseks.

k) Lisa beebikapsas ja jätka segades kuumutamist 1 minut, kuni lehtkapsas veidi närbub.

l) Lisa oma mõnusalt vürtsikat Vegan munapuder mis tahes muule lisandile.

9. Kookosjahust pannkoogid meresamblaga

Valmistab: 2 portsjonit

KOOSTISOSAD:

- $\frac{1}{4}$ tassi kookosjahu
- 1 supilusikatäis meresambla geeli
- 4 karjatatud muna, toatemperatuuril
- 1 kuhjaga supilusikatäis. pehmendatud või või kookosõli
- $\frac{1}{2}$ tassi konserveeritud kookospiima
- Kookosõli või ghee pannile

JUHISED:

a) Alustage maitsestatud malmpanni või emailpanni kuumutamist keskmisel kuumusel.

b) Klopi kokku kookosjahu ja meresamblageel.

c) Sega juurde munad, kloppides ühtlaseks pastaks.

d) Segage või/kookosõli, kuni see on segunenud, seejärel lisage kookospiim.

e) Küpseta pannkoogid kuumal pannil kookosõli/ghi-ga.

f) Küpseta, kuni servad ja keskosa hakkavad paistma läbipaistmatud, seejärel keerake ümber.

SUUPÄID JA SUUPEPID

10. <u>Puuviljade suupiste meresamblaga</u>

Valmistab: 12 portsjonit

KOOSTISOSAD:
- 4 tassi värskeid mustikaid
- 2 supilusikatäit chia seemneid, jahvatatud
- 1 tl kaneeli
- 1 tl datlipastat
- 1 tl sidrunimahla
- 1 spl vaniljeekstrakti
- ½ tassi Sea Mossi geeli

JUHISED:
a) Jahvata chia seemned vürtsiveskis pulbriks.
b) Sega võimsas blenderis kõik koostisosad ühtlaseks massiks. Tõsta 10 minutiks kõrvale, et chia seemned saaksid püree paksendada.
c) Dehüdraatori või väga madala ahju jaoks määrige segu väga õhukeselt laiali ja kuivatage umbes 16 tundi, keerates ümbris pooleldi ümber.
d) Lõika oma maitse järgi, rulli vahapaberiga nagu näidatud.

11. Merisambla šokolaadikoor

Valmistamine: 20 tükki

KOOSTISOSAD:

- 12 untsi. Kvaliteetsed šokolaaditükid või tükeldatud šokolaad
- 2,5 supilusikatäit sambla pulbrit
- 1 supilusikatäis kanepiseemneid
- $\frac{1}{2}$ tassi tooreid pähkleid
- 2 supilusikatäit Goji marju
- $\frac{1}{2}$ tl Himaalaja meresoola, valikuline

JUHISED:

a) Koguge koostisained kokku. Valmistage oma koostisained ette, et šokolaadikoort oleks lihtne kokku panna.

b) Võtke suur mikrolaineahjus töötav kauss, lisage šokolaad ja seejärel sulatage šokolaad mikrolaineahjus 30-sekundiliste intervallidega, segades iga intervalli vahel.

c) (Võib olla kiusatus panna šokolaad lihtsalt minutiks või paariks mikrolaineahju, kuid nii ei sulata šokolaad korralikult. Võtke selle sammuga aega ja sulatage šokolaad 30-sekundiliste intervallidega ning eemaldage šokolaad ahjust. mikrolaineahjus ja segage iga intervalli vahel.)

d) Kui šokolaad on täielikult sulanud, kandke šokolaad pärgamendiga kaetud plaadile või küpsetusplaadile. Levitage šokolaad spaatliga õhukese, ühtlase, umbes $\frac{1}{4}$ tolli paksuse kihina.

e) Lisa peale lisandid.

f) Tõsta plaat (või küpsetusplaat) külmkappi ja lase šokolaadil taheneda, selleks peaks kuluma umbes 30 minutit. Mulle meeldib oma šokolaadi lisada sügavkülma viimaseks 5 minutiks enne järgmise sammu juurde liikumist.

g) Kui šokolaad on tahenenud, võid selle hammustada suurteks tükkideks. Mulle meeldib teha noaga keskele süvend, et šokolaadi oleks kergem purustada.

h) Nautige oma šokolaadi! Hoidke järelejäänud šokolaadikoort õhukindlas anumas külmkapis kuni nädal.

12.   <u>Kõrvitsakoogihammustused</u>

Valmistab: 4 portsjonit

KOOSTISOSAD:

KUIVAD KOOSTISOSAD

- 1 $\frac{1}{2}$ tassi kuivatatud kookospähklit
- 1 tass tooreid mandleid
- $\frac{1}{2}$ tassi tooreid kreeka pähkleid
- $\frac{1}{2}$ tassi pulbristatud kookossuhkrut
- $\frac{1}{4}$ tassi jahvatatud kuldset linaseemnet
- 1 supilusikatäis mesquite'i pulbrit (valikuline).
- 1 tl kõrvitsa vürtsi
- $\frac{1}{2}$ tl kaneeli
- $\frac{1}{8}$ tl kõrge mineraalsoola

MÄRGAD KOOSTISOSAD

- $\frac{1}{4}$ tassi meresambla pasta
- $\frac{1}{4}$ tassi keedetud kõrvitsapüreed värskelt või konserveeritud
- 2 supilusikatäit kookosõli sulatatud
- 1 tl vaniljeekstrakti
- 1 tl mett

JUHISED:

a) Töötle kuivained köögikombainis jahu moodustumiseni.

b) Lisa märjad koostisosad, välja arvatud Sea Mossi pasta, ja töötle kuni segunemiseni.

c) Lisa Sea Mossi pasta ja töötle, kuni moodustub tainas.

d) Aseta tainas kaussi, veereta pallideks ja veereta peeneks riivitud kookospähklis.

e) Pane pooleks tunniks külmkappi ja naudi!

38

13. Kõrge valgusisaldusega želatiinisisaldusega suupistetopsid

Valmistab: 4 portsjonit

KOOSTISOSAD:

- $\frac{1}{2}$ tassi vett
- 1 supilusikatäis meresamblageeli
- $1\frac{1}{2}$ tassi Cabot Madala rasvasisaldusega Kreeka vaniljekaun
- $\frac{1}{2}$ tassi Cabot Whey Protein pulbrit
- 1 tass hakitud värskeid maasikaid või terveid mustikaid

JUHISED:

a) Kombineerige vesi ja meresamblageel mikrolaineahjus kasutatavas mõõtetopsis või -kausis ja nöörige, kuni need on ühendatud. Küpseta suurel võimsusel mikrolaineahjus 2 minutit või kuni želatiin on lahustunud.

b) Lisa jogurt ja vadakuvalgu pulber ning vahusta ühtlaseks massiks.

c) Asetage tassid madalasse pannile või plastnõusse.

d) Täida iga tass $\frac{1}{4}$ tassi želatiini seguga. Lisage igaühele 2 supilusikatäit puuvilju.

e) Katke kilega või kaanega ja hoidke külmkapis, kuni see on hangunud, umbes 1 tund.

14. <u>Superfood Energy Bites</u>

Valmistab: 12 palli

KOOSTISOSAD:

- 2 tassi datleid, kivideta ja 10 minutiks vees leotatud
- 1 tass magustamata hakitud kookospähklit
- 1 tass värsket beebispinatit
- 2 supilusikatäit kookosõli, sulatatud
- 1 tl meresoola
- 2 supilusikatäit samblageeli
- 1 ½ tl kaneeli
- ¼ tassi jaanipulbrit või kakaopulbrit
- ¼ tassi hakitud kookospähklit

JUHISED:

a) Sega köögikombainis datlid, hakitud kookospähkel, spinat ja kookosõli ning sega ühtlaseks.

b) Seejärel lisage oma sambla geel, kaneel ja meresool ning kaunvilja, kuni see on hästi segunenud.

c) Kasutades küpsisetaigna kulbi või supilusikatäit, kühveldage segust pallid. Soovi korral veeretage oma energiat kas jaanipulbris, kakaopulbris või hakitud kookospähklis.

d) Seejärel asetage pallid vooderdatud küpsiseplaadile ja asetage need umbes tunniks sügavkülma või kuni need on tahked.

e) Hoida külmkapis kuni üks nädal.

ÕMBLIJUUST

15. Chipotle cheddar

Valmistab: 2 tassi

KOOSTISOSAD:

- 1½ tassi tooreid india pähkleid
- ¼ tassi merisammalt
- ½ tassi filtreeritud vett
- 1 tl rafineeritud kookosõli
- ½ tl chipotle tšillit purgist, pluss 1 spl õli purgist
- ½ tl keldi meresoola, lisaks veel maitse järgi
- 2 supilusikatäit toitainepärmi

JUHISED:

a) Asetage india pähklid väikesesse kaussi filtreeritud vette. Kata ja pane üleöö külmkappi.

b) Loputage Sea Mossi kurnis väga hästi, kuni kogu liiv on eemaldatud ja ookeani lõhn kadunud. Seejärel asetage see väikesesse kaussi vette. Kata ja pane üleöö külmkappi.

c) Nõruta merisammal ja aseta see koos veega blenderi kaussi. Segage suurel kiirusel 1 minut või kuni see on emulgeeritud. Mõõtke välja 2 supilusikatäit ja reserveerige ülejäänud.

d) Nõruta india pähklid. Asetage segisti puhtasse kannu kašupähklid, emulgeeritud merisammal, kookosõli, chipotle tšilli, chipotle õli, sool ja toitev pärm. Blenderda keskmisel kiirusel ühtlaseks.

e) Reguleerige soola maitse järgi. Enne pakkimist asetage segu lusikaga tamale keskele.

16. India pähkli juust

Valmistab: 1 plokk

KOOSTISOSAD:

- 2 tassi tooreid india pähkleid
- $\frac{1}{4}$ tassi merisammalt
- $\frac{1}{2}$ tassi filtreeritud vett
- 1 spl toitainepärmi 1$\frac{1}{2}$ tl keldi meresoola
- 2 tl rafineeritud kookosõli
- 1 tl küüslaugupulbrit
- 1 kapsel acidophilus (3 miljardit aktiivset kultuuritüvi)
- $\frac{1}{4}$ tassi aquafabat (vesi 15,5-untsisest garbanzo ubade purgist)
- $\frac{1}{2}$ tl pulbristatud spirulinat või külmutatud elusat spirulinat

JUHISED:

a) Aseta india pähklid väikesesse kannu filtreeritud vette. Kata ja pane üleöö külmkappi.

b) Loputage merisammalt kurnis väga hästi, kuni kogu liiv on eemaldatud ja ookeani lõhn kadunud. Seejärel asetage see väikesesse kaussi filtreeritud vette. Kata ja pane üleöö külmkappi.

c) Nõruta merisammal ja aseta see koos veega blenderi kaussi. Segage suurel kiirusel 1 minut või kuni see on emulgeeritud. Mõõtke välja 2 supilusikatäit ja reserveerige ülejäänud.

d) Nõruta india pähklid. Asetage segisti puhtasse kannu kašupähklid, emulgeeritud merisammal, toitev

47

pärm, sool, kookosõli, küüslaugupulber, acidophilus ja aquafaba.

e) Segage keskmisel kiirusel, kasutades kolvi, et segu ühtlaselt jaotada. Tõsta segu juustuvormi.

f) Puista spirulina juustule ja marmoreeri see väikese spaatliga läbi. Ärge segage üle, muidu muutub juust roheliseks.

g) Asetage juustuvorm dehüdraatorisse ja kuivatage 90 kraadi F juures 24 tundi. Tõsta üleöö külmkappi.

h) Serveeri või säilita niisutajas või veinijahutis kuni 3 nädalat.

17. Vahustatud India pähkli ricotta

Valmistab: 2 tassi

KOOSTISOSAD:

- 2 tassi tooreid india pähkleid
- $\frac{1}{4}$ tassi merisammalt
- $\frac{3}{4}$ tassi filtreeritud vett
- 1 tl rejuvelac
- 2 tl värsket sidrunimahla
- 2 supilusikatäit aquafabat
- 1 tl keldi meresoola

JUHISED:

a) Asetage india pähklid väikesesse kaussi filtreeritud vette. Kata ja pane üleöö külmkappi.

b) Loputage merisammalt kurnis väga hästi, kuni kogu liiv on eemaldatud ja ookeani lõhn kadunud. Seejärel asetage see väikesesse kaussi vette. Kata ja pane üleöö külmkappi.

c) Tühjendage merisammal ja asetage see $\frac{1}{2}$ tassi veega segisti kannu. Segage suurel kiirusel 1 minut või kuni see on emulgeeritud. Mõõtke välja 2 supilusikatäit ja reserveerige ülejäänud.

d) Asetage puhtasse segisti kaussi india pähklid, emulgeeritud merisammal, rejuvelac, ülejäänud $\frac{1}{4}$ tassi vett ja sool. Segage keskmisel kiirusel, kasutades kolvi, et segu ühtlaselt jaotada, peatades ja käivitades, kuni kõik on hästi segunenud.

e) Viige juust 8-tollise peene marlitüki keskele. Koguge servad kokku ja siduge need nööriga kimpu.
f) Asetage marli kimp dehüdraatorisse ja kuivatage 24 tundi temperatuuril 90 ° F.
g) Tõsta juust köögikombaini kaussi ja pulsi, kuni tekstuur on kerge ja kohev.

18. Kodune meresambla juust

Valmistab: 1 plokk

KOOSTISOSAD:

- $\frac{1}{4}$ tassi (karrageeni) merisammalt
- 2 tassi vett
- 1 Quart Hapukas taimne piim
- 1 teelusikatäis jahvatatud selleriseemneid
- 1 tass hautatud ja püreestatud tomateid
- 1 supilusikatäis, hakitud petersell

JUHISED:

a) Aja merisammal ja vesi keema.

b) Lahe.

c) Sega hapu taimse piimaga.

d) Vala musliinikotti.

e) Kurna vadak ära.

f) Tühjenda tahke juust kaussi.

g) Vahusta ülejäänud koostisosad juustu hulka.

h) Keera madalaks panniks.

i) Kui see on hangunud, lõika ruutudeks.

19. <u>Vegan mozzarella juust</u>

Valmistab: 1,5 tassi

KOOSTISOSAD:
- $\frac{1}{2}$ tassi tooreid india pähkleid + keev vesi katmiseks
- $\frac{3}{4}$ tassi tavalist magustamata vegan jogurtit
- $\frac{1}{2}$ tassi külma vett
- $\frac{1}{4}$ tassi rafineeritud kookosõli (sulatatud ja jahutatud toatemperatuurini)
- 1 spl valget äädikat
- 1 spl toitainepärmi
- 1 spl valge miso
- 1 ja $\frac{1}{4}$ tl soola
- $\frac{1}{2}$ tl küüslaugu soola
- 3 ja $\frac{1}{2}$ supilusikatäit tapiokitärklise jahu
- 1 spl Meresambla geeli

JUHISED:
a) Esmalt pange oma anum juustuvormi jaoks kõrvale.
b) Nüüd lisa india pähklid väikesesse kaussi ja kata need keeva veega. Kõrvale panema.
c) Järgmisena lisa kõik koostisosad blenderisse ja nõruta ning lisa india pähklid.
d) Blenderda juustu segu 2 minutit või kuni see on kreemjas ja ühtlane.
e) Vala keskmise suurusega paksupõhjalisse kastmepotti.
f) Kuumuta juustu segu keskmisel kuumusel pidevalt vahustades. Kui see hakkab mullitama, jätka

vahustamist 2 minutit. See muutub tükkideks ja seejärel kleepuvaks ja venivaks.

g) Haara spaatliga ja vala mozzarella kiiresti juustuvormi. See hakkab kohe tarduma, nii et töötage kiiresti.

h) Aseta vegan mozzarella külmikusse kaaneta vähemalt 2 tunniks tahkuma.

i) Eemaldage juustuplokk külmikust, võtke see anumast välja ja mässige paberrätikusse (see aitab niiskust ära juhtida), naaske anumasse, katke see kaanega ja jahutage.

j) Nautige!

20. Lillkapsas Jack Vegan Juust

Teeb: 1 nael
KOOSTISOSAD:

- 2 tassi lillkapsa õisikuid (10 untsi)
- Vesi
- 4 spl merisambla geeli
- 3 spl orgaanilist rafineeritud kookosõli, veeldatud
- 1 tl värsket laimimahla
- 1 tl meresoola
- 2 supilusikatäit toitainepärmi
- 1 tl sibulapulbrit
- 1 tl granuleeritud küüslaugupulbrit
- $\frac{1}{4}$ tassi hakitud värsket murulauku

JUHISED:

a) Asetage lillkapsas korv-aurutisse, mis on riputatud mitme tolli vee kohal. Katke ja küpseta keskmisel-kõrgel kuumusel pehmeks. Varu $\frac{3}{4}$ tassi seda vett.

b) Asetage sambla geel kaussi, lisage lillkapsa vesi ja vispeldage.

c) Kombineerige segistis aurutatud lillkapsas, kookosõli, laimimahl, meresool, toitev pärm, sibulapulber ja küüslaugupulber; püreesta ühtlaseks.

d) Lisa blenderisse meresamblasegu; püreesta, kuni see on täielikult segunenud, seejärel vala segu kaussi, et saaks murulauku sisse murda.

e) Kasutage veidi rohkem kookosõli, et määrida kergelt piisavalt suur anum, mis mahutab/vormib juustu segu, seejärel vala segu sisse ja kata kilega.

f) Enne serveerimist jahutage 4 tundi või kuni see on tahke.

21. Paleo juust

Mark: 6

KOOSTISOSAD:

- 1 ½ tassi kookospiima
- 3 supilusikatäit kookos- või tapiokijahu
- 2 supilusikatäit samblageeli
- 2 tl õunasiidri äädikat
- 2 tl paprikat
- 1 tl sibulapulbrit
- 1 tl kurkumit
- Näputäis soola

JUHISED:

a) Lisa väikesesse kaussi kõik kuivained ja vahusta ühtlaseks.

b) Samal ajal lase kastrulis keskmisel kuumusel kookospiim keema.

c) Lisa äädikas kookospiimale ja vahusta 1 minut.

d) Keera kuumus keskmisele madalale.

e) Lisa kastrulisse kuivained ja jätka ühtlaseks vahustamist veel minut aega.

f) Tõsta kastrul tulelt ja jätka vahustamist veel 1 minut.

g) Vala juust silikoonvormidesse ja aseta enne välja keeramist vähemalt 2 tunniks külmkappi tahenema.

PÕHIROOG

22. Riis merevetikatega

Valmistab: 4

KOOSTISOSAD:
- 25 g dehüdreeritud meresammalt
- 400 g riisi
- 3 porrut väikest
- 1 tomat
- $\frac{1}{2}$ punast pipart
- 1 porgand
- 2 küüslauguküünt
- 1 tšilli
- 2 paberit safran
- oliiviõli
- vesi
- soola

JUHISED:
a) Pane väheses õlis praadima küüslauk, porrulauk ja peeneks hakitud pipar koos tšilliga.
b) Kui need hakkavad pehmenema, eemaldage tšilli (valikuline) ja lisage hakitud tomat ja porgand.
c) Kui kõik on praetud, lisage veetustatud vetikad, sest need küpsevad koos riisiga.
d) Lisa riis ja sega veidi.
e) Lõpuks lisa kuum vesi koos kahe kotitäie safraniga.
f) Maitsesta mõõdukalt, sest vetikad annavad soola, ja lase keeda, kuni vesi on aurustunud.
g) See ei tohiks kesta üle 20 minuti ja merevetikad ei tohiks sellest kauem küpseda, sest see tõstaks selle maitset liiga palju.

23. Röstitud punase pipra spagetikõrvits

Valmistab: 4

KOOSTISOSAD:

- 1 suur spagetikõrvits
- 1 röstitud punane paprika
- 1 tass Brasiilia pähkleid
- 1-2 peotäit seeni
- $\frac{1}{4}$ ühest magusast sibulast (avokaadoõlis ja soolas praetud)
- 1 $\frac{1}{2}$ tassi allikavett
- 1 supilusikatäis basiilikut
- 1 tl sibulapulbrit
- 1 tl Cayenne'i (valikuline)
- soola ja pipart maitse järgi
- 2-3 supilusikatäit tavalist samblageeli

JUHISED:

a) Kuumuta ahi temperatuurini 400 °F.

b) Lõika spagetikõrvits pooleks ja eemalda seemned.

c) Pintselda siseküljed väikese koguse avokaadoõliga ning puista peale soola ja pipart.

d) Asetage kõrvits küpsetusplaadile lõikepool all ja küpseta 45 minutit, kuni spagetinuudlid kergesti lahti tõmbuvad.

e) Kuni kõrvits küpseb, segage pipar, brasiilia pähklid, vesi ja vürtsid segistis ühtlaseks massiks. Kõrvale panema.

f) Prae seened pannil ja jäta osa kaunistuseks.

g) Lisa kaste pannile ja hauta 10 minutit.

h) Kui kõrvits on peaaegu valmis, eemaldage see ahjust ja keerake ümber.

i) Puhu kõrvits õrnalt kohevaks, et kaste saaks kõrvitsa sisse imbuda.

j) Vala kaste ettevaatlikult mõlemasse suvikõrvitsapaati ja aseta 15-20 minutiks tagasi ahju.

k) Kõige peale pane veel basiilikut ja seeni.

l) Serveeri kuumalt.

24. <u>Quinoa Brüsseli kapsa salat</u>

Valmistab: 2 portsjonit

KOOSTISOSAD:

- $\frac{1}{2}$ tassi kuiva kinoat hästi loputatud, keedetud
- 1 nael rooskapsast puhastatakse, poolitatakse ja aurutatakse või keedetakse pehmeks
- 10 viilutatud keedetud/küpsetatud kastanit
- $\frac{1}{4}$ tassi hakitud peterselli
- $\frac{1}{4}$ tassi kuivatatud jõhvikaid või hakitud kuivatatud aprikoose
- 1 suur punane sibul, karamelliseeritud
- meresool ja must pipar maitse järgi
- $\frac{1}{2}$ tassi kuivatatud tervete lehtedega merisammalt, rebitud hammustavateks tükkideks

ORANŽI SINEPI KASTE

- 1 keskmine apelsin, mahl
- 1 tl apelsini koort
- 1 supilusikatäis vahtrasiirupit
- 2 tl mahedat sinepit
- 1 supilusikatäis värsket sidrunimahla

JUHISED:

a) Lisa kõik salati koostisosad suurde kaussi.
b) Sega väikeses purgis või kausis kokku kastme ained.
c) Vala salatile ja sega korralikult läbi.

25. Grillitud lõhe tacod avokaadosalsaga

Valmistab: 4

KOOSTISOSAD:

- 1 supilusikatäis suitsutatud paprikat
- 2 tl jahvatatud köömneid
- 4 nahata lõhefileed
- 200 g naturaalset jogurtit
- 1 küüslauguküüs, purustatud
- 2 küpset avokaadot, kividest puhastatud, kooritud ja kuubikuteks lõigatud
- 1 punane sibul, peeneks hakitud
- 2 suurt tomatit, seemnetest puhastatud ja peeneks hakitud
- 2 laimi, 1 mahl, 1 viiludeks lõigatud
- väike pakk koriandrit, hakitud
- 8 taco koort
- 2 supilusikatäit tavalist meresamblageeli

JUHISED:

a) Kuumuta grill kõrgeks ja vooderda suur küpsetusplaat fooliumiga.

b) Sega väikeses kausis suitsupaprika ja köömned. Hõõru vürtsidega lõhefileed üle ja tõsta ahjuplaadile. Tõsta grilli alla 8-10 minutiks, kuni see on läbi küpsenud.

c) Sel ajal, kui lõhe küpseb, kombineeri jogurt ja samblageel küüslauguga ning maitsesta. Sega teises kausis avokaadod, sibul ja tomatid. Lisa laimimahl, maitsesta ja puista üle koriandriga.

d) Soojendage taco kestad ahjus, järgides pakendi juhiseid. Lõhe helvestage ja serveerige koos tacode, avokaadosalsa, jogurti ja laimiviiludega.

26. <u>Krevetid Scampi samblakeerdusega</u>

Valmistab: 4 portsjonit

KOOSTISOSAD:

- 2 spl võid
- 2 spl ekstra neitsioliiviõli
- 4 küüslauguküünt, hakitud
- $\frac{1}{2}$ tassi kuiva valget veini või puljongit
- $\frac{3}{4}$ tl koššersoola või maitse järgi
- 2-3 supilusikatäit tavalist samblageeli
- $\frac{1}{8}$ teelusikatäis purustatud punase pipra helbeid või maitse järgi
- Värskelt jahvatatud must pipar
- 1 $\frac{3}{4}$ naela suuri või eriti suuri krevette, kooritud
- ⅓tass hakitud peterselli
- Värskelt pressitud mahl poolest sidrunist
- Keedetud pasta või koorega leib

JUHISED:

a) Sulata suurel pannil või koos oliiviõliga. Lisa küüslauk ja praadige, kuni see lõhnab, umbes 1 minut.

b) Lisa vein või puljong, sool, punase pipra helbed ja ohtralt musta pipart ning kuumuta keemiseni. Laske veinil poole võrra, umbes 2 minutit, väheneda.

c) Lisa krevetid ja prae, kuni need muutuvad roosaks, olenevalt nende suurusest 2-4 minutit.

d) Sega juurde petersell, samblageel ja sidrunimahl ning serveeri pasta või koorikuga leivaga.

27. Aluselised spagetid

Valmistab: 4

KOOSTISOSAD:

- 1 portsjon keedetud pastat
- 2 untsi merisammalt
- $\frac{1}{2}$ tassi oliiviõli
- 2 tassi tomatikastet
- 4 supilusikatäit meresoola
- 1 $\frac{1}{2}$ supilusikatäit sibulapulbrit
- 2 supilusikatäit cayenne'i/tšilli pulbrit
- 3 supilusikatäit toorest agaavist

JUHISED:

a) Lisa pannile oliiviõli, tomatikaste, meresool, sibulapulber, cayenne'i/tšilli pulber ja toores agaav.

b) Kuumuta kastet keskmisel kuumusel 10 minutit

c) Sega pasta kastmesse

d) Sega aeglaselt sisse Sea Mossi geel.

e) Laske 5 minutit seista.

28. Kuum köögiviljapakend

Valmistab: 4

KOOSTISOSAD:

- 3 tassi kuubikuteks lõigatud tomateid
- 2 tassi sibulat
- 1 tass kuubikuteks lõigatud paprikat
- $\frac{1}{2}$ tassi hakitud seeni
- Soe speltatortilla
- 2–3 supilusikatäit tavalist samblageeli

JUHISED:

a) Prae segades kõiki koostisosi, välja arvatud tortilla, 5 minutit

b) Soojenda speltatortilla.

c) Täida tortilla köögiviljadega ja keera rulli.

29. Spelta lasanje

Valmistab: 4

KOOSTISOSAD:
- 1 punane paprika, tükeldatud
- 1 kollane sibul hakitud
- 2 supilusikatäit oliiviõli
- 3 supilusikatäit tavalist samblageeli
- Loorberileht, murenenud
- Spelta-lasanje pasta
- 2 naela seeni
- 8 värsket tomatit
- Mandli cheddari juust
- Oregano, maitse järgi
- Meresool, maitse järgi

JUHISED:
TOMATI KASTE
a) Kuumuta pann ja lisa oliiviõli
b) Asetage sibul, paprika, pune, meresool ja loorberileht pannile ning pruunistage
c) Keeda tomateid 10 minutit
d) Aseta viieks minutiks jäävette, nõruta ja eemalda tomatitelt nahk
e) Blenderis blenderis tomat ja meresamblageel.
f) Lisage tomatisegu pannile koos praetud maitseainetega
g) Hauta 30-45 minutit

h) Pool kastmest tõsta kõrvale seenekastme valmistamiseks ja ülejäänud pool kasutada kihistamisel.

SEENEKASTUS

i) Pange seened vette, leotage 1 minut, kurnake ja viilutage

j) Maitsesta maitse järgi, hauta 2 minutit ja lisa $\frac{1}{2}$ säästetud kastmest, tõsta kihistamiseks kõrvale.

PASTA

k) Valmista pasta vastavalt juhistele

l) Kui pasta on valmis, asetage see käsitsemise hõlbustamiseks külma vee alla

m) Lao sügav ahjuvorm tomatikastmega kihiti

n) Aseta peale kiht pastat, seejärel kiht seenekastet

o) Seejärel lisa kiht mandli-cheddarit

p) Korrake samme, kuni roog on peaaegu täis

q) Asetage ülejäänud mandli-cheddari peale 2 tassi kastet

r) Küpseta 350-kraadises ahjus 20 minutit, kuni mandli-cheddar on sulanud

30. <u>Suhkrustatud squash</u>

Valmistab: 6-8 portsjonit

KOOSTISOSAD:

- 3 naela kõrvitsat, kooritud ja kuubikuteks lõigatud
- 1 tl kõrvitsapiruka vürtsi
- $\frac{1}{2}$ tl kaneeli
- 1 tl vaniljeekstrakti
- 2 spl õunasiidrit
- $\frac{1}{4}$ tassi vahtrasiirupit
- 1 supilusikatäis tavalist samblageeli
- $\frac{1}{4}$ tassi kuivatatud jõhvikaid (valikuline)
- $\frac{1}{4}$ tassi hakitud pekanipähklit (valikuline)

JUHISED:

a) Kuumuta ahi 350 kraadini.
b) Koori ja kuubikuteks kõrvits ning pane suurde kaussi.
c) Lisa kõrvitsapiruka vürts, vanill, õunasiider, vahtrasiirup, meresamblageel ja õli.
d) Segage, kuni see on täielikult segunenud.
e) Tõsta suurele malmist pannile või küpsetusplaadile.
f) Küpseta 20 minutit või kuni kõrvits on pehme.
g) Tõsta serveerimiskaussi ning raputa peale jõhvikate ja pekanipähklitega, kui kasutad.

SUPID JA KARRIID

31. <u>Slow Cooker Vegan Bone Puljong</u>

Valmistab: 6 tassi

KOOSTISOSAD:

- 1 tass võilillerohelist
- 2 tassi kuivatatud seeni
- pöidlasuurune tükk ingverit
- $\frac{1}{4}$ tassi Sea Moss geeli
- 3 kuiva või värsket loorberilehte
- 1 tass kuivatatud pruunvetikas
- peotäis koriandrit või koriandrit
- 10 tassi allikavett

JUHISED:

a) Lisage aeglasele pliidile kõik oma köögiviljad, Sea Moss Gel ja meresool.
b) Kata allikaveega ja keeda madalal kuumusel 8 tundi.
c) Kui küpsetamine on lõpetatud, asetage kurn suure klaaskausi kohale ja valage puljong kaussi läbi sõela.
d) Hoidke omatehtud vegan puljongit puhastes klaaspurkides ja hoidke seda külmkapis 5–7 päeva. Seda saab külmutada jääkuubikualustes kuni 3 kuud.
e) Võite juua seda vegan-kondipuljongit sellisel kujul ($\frac{1}{2}$ tassi päevas) või lisada seda omatehtud suppidele ja kinoale.
f) Jahtudes muutub see paksuks.

32. Kikerherne karri meresamblaga

Valmistab: 4

KOOSTISOSAD:

- 2 tassi kõrvitsat, tükeldatud
- 2 tassi lehtkapsast, tükeldatud
- 1 tass keedetud kikerherneid
- 2 supilusikatäit kookos- või viinamarjaseemneõli
- 1 keskmine sibul, peeneks hakitud
- 1 ploomtomat, tükeldatud
- 2 suurt küüslauguküünt
- $\frac{1}{2}$ purki kookospiima + 1 tass vett
- 2 tl karri vürtsisegu
- 2-3 supilusikatäit tavalist samblageeli
- 1 tl soola
- 1 supilusikatäis laimimahla
- 2 supilusikatäit hakitud koriandrit pluss veel kaunistuseks
- Cayenne'i pipar või punase pipra helbed

JUHISED:

a) Keeda jasmiiniriisi 2 tassi riisi, 3 tassi vett ja soola, kuni see on pehme ja vesi on imendunud.

b) Kuumuta õli ja prae sibulad läbipaistvaks.

c) Lisa küüslauk, tomat, sool, karrisegu ja pipar. küpseta umbes 3 minutit.

d) Lisa võipähkel ja kikerherned ning sega, kuni need on maitsestatud.

e) Lisa kookospiim ja vesi. sega hästi segunemiseks. katke kaanega ja hautage 15 minutit, kuni kõrvits on küpsenud. aeg-ajalt segades. vajadusel lisa vett.

f) Lisa lehtkapsas, koriander, samblageel, laimimahl ja sool. küpseta veel umbes 10 minutit, kuni lehtkapsas on närbunud, kuid mitte üle küpsenud.

g) Serveeri oma lemmikkausis ning raputa peale koriandrit ja laimimahla.

33. <u>Curry Conch</u>

Valmistab: 4

KOOSTISOSAD:

- 2 tassi kondenseeritud kookospiima
- 2 untsi merisammalt
- 1,5 naela merikarp, kooritud, puhastatud, pehmendatud
- $\frac{1}{4}$ tassi kookosõli
- 3 supilusikatäit võid
- $\frac{3}{4}$ Suur punane sibul
- $\frac{1}{2}$ Šoti paprikat, peeneks hakitud
- 10 küüslauguküünt
- $\frac{1}{4}$ tassi kookosõli
- 3 spl karripulbrit
- ⅓tass värsket koriandrit, peeneks hakitud
- sool pipar

JUHISED:

a) Segage kondenseeritud kookospiim ja merisammal. Lase külmikus taheneda.

b) Asetage merikarp suurde potti ja katke see 2 tolli võrra veega. Lisa 2 supilusikatäit võid ja lase keema tõusta, jälgides samal ajal pliidile vahutamist.

c) Keerake madalal kuumusel ja küpseta, kuni merikarp on hammustada pehme, 40 minutit, seejärel laske sellel vees jahtuda.

d) Eemaldage merikarp ja lõigake see hammustuse suurusteks tükkideks. Salvestage mahl potti.

e) Prae kuumutatud kookosõlis pannil sibul, paprika, purustatud küüslauk ja Šoti paprika.

f) Lisa köögiviljadele karripulber ja hauta veel 5 minutit.

g) Lisage 1 tass keedumahla ja tükeldatud merikarp, keetke 15 minutit.

h) Sega lusika haaval aeglaselt sisse kookose ja meresambla segu.

i) Serveeri ja kata taldrikud koriandriga.

34. Bean Chii merisamblaga

Valmistab: 4

KOOSTISOSAD:

- 1 sibul
- 3 küüslauguküünt
- 1 purk tükeldatud tomatit
- 2 supilusikatäit tomatipüreed
- 1 tass punaseid ube
- $\frac{1}{2}$ tassi võiube
- $\frac{1}{2}$ tassi Pinto ube
- 1 tass kollast/rohelist pipart
- 2 untsi Sea Mossi geeli
- 1 värske tšilli
- 2 supilusikatäit vedelaid aminohappeid
- $\frac{1}{2}$ tl jahvatatud köömneid
- $\frac{1}{2}$ tl jahvatatud koriandrit
- $\frac{1}{2}$ kuubiku pärmivaba köögiviljavaru
- Himaalaja sool ja jahvatatud must pipar

JUHISED:

a) Peske oad (ja nõrutage) ja köögiviljad filtreeritud veega, seejärel tükeldage sibul ja paprika.

b) Kuumuta kastrulis 50 ml aluselist vett ja lisa meresamblageelile, sibul, küüslauk ja paprika, et praadida kuni pehmenemiseni.

c) Lisage oad, sool ja pipar. Küpseta 5 minutit.

d) Lisa tükeldatud tomat, püree, tšilli, köömned, koriander ja Aminos ning purusta puljongikuubikus.

e) Sega korralikult läbi ja kata kaanega, lase madalal kuumusel 20 minutit küpseda.

f) Maitske seda ja lisage soovi korral rohkem maitseaineid.

g) Serveeri pruuni riisiga.

35. Lootosejuure ja seenesupp

Valmistab: 4

KOOSTISOSAD:

- 340 g lootosejuurt, puhastatud ja tükkideks lõigatud
- 40 g merisammal
- 8 tükki hiina seeni
- 8 tükki kuivatatud austrit
- 2 liitrit läbipaistvat kanapuljongit

JUHISED:

a) Leota seeni ja lõika vars puhtaks.

b) Leotage ja puhastage kuivatatud austrid ja merisammal.

c) Lisa kõik koostisosad puljongipotti ja kuumuta keemiseni.

d) Keera kuumus madalaks ja küpseta 2 tundi.

e) Maitsesta soolaga.

36. Taimne vegan meresamblasupp

Valmistab: 4

KOOSTISOSAD:

- 1 $\frac{1}{2}$ tassi leotatud (üleöö) läätsi
- $\frac{1}{2}$ tassi leotatud (üleöö) kuiva meresammalt
- 2 spl oliiviõli
- 2 punast sibulat
- 1 tl hakitud küüslauku
- 3 porgandit
- 2 varssellerit
- 3 $\frac{1}{2}$ tassi purustatud tomateid
- $\frac{1}{2}$ tl soola
- $\frac{1}{2}$ tl pipart
- 2 loorberilehte
- 7 tassi juurviljavarsi
- 1 oksake petersell
- $\frac{1}{2}$ tl paprikat

JUHISED:

a) Haki kõik köögiviljad kenasti.

b) Kuumuta pannil oliiviõli ning lisa küüslauk ja sibul.

c) Prae neid veidi aega ja lisa siis muud köögiviljad.

d) Lisa sool ja prae köögiviljad pehmeks.

e) Nüüd lisa purustatud tomatid. Segage ja hautage neid paar minutit.

f) Sega maitseained korralikult sisse.

g) Nüüd lisa läätsed ja sega korralikult läbi.

h) Nõruta oma merisammal ja tükelda see kääride abil.

i) Lisa pannile meresammal ja sega veel veidi aega.

j) Nüüd on aeg lisada köögiviljapuljong ja seejärel loorberilehed.
k) Sega korralikult läbi ja oota keemist.
l) Nüüd lase tasasel tulel umbes tund aega keeda.
m) Teie taimne vegan meresamblasupp on serveerimiseks valmis.
n) Rüüpa seda ja naudi.

37. <u>Meresambla ja kalapuljongisupp</u>

Valmistab: 4

KOOSTISOSAD:

- 1 nael värske kuningkala pea
- 1 tass kuivatatud purustatud herneid
- 1 tass kuubikuteks lõigatud kõrvitsat
- 1 tass kuubikuteks lõigatud sibulat
- 1 tass hakitud ookrit
- $\frac{1}{2}$ tassi hakitud porgandit
- 1 tass tükeldatud ja kooritud kartulit
- 1 $\frac{1}{2}$ tassi meresambla geeli
- $\frac{1}{4}$ tassi kookospiima
- $\frac{1}{2}$ tassi murulauku
- 1 spl oliiviõli
- 1 tl kurkumit
- 1 oksake pune
- 1 spl piprakastet
- Sool ja pipar maitse järgi

JUHISED:

a) Pese lõhestatud herneid põhjalikult veega, kuni vesi on selge.

b) Keeda herneid, kuni need on täielikult sulanud.

c) Nüüd võtke suur pott ja hautage oma köögivilju ja ürte 5 minutit.

d) Nüüd lisa kalapead.

e) Kata pott kaanega ja lase aurutada.

f) Lisa purustatud herned koos veega ja lase keema tõusta.

g) Nüüd lisa ooker ja merisambla geel ning seejärel kookospiim.

h) Lisa piprakaste ja lase supil 10 minutit keeda.

i) Seejärel lisage oma maitse järgi soola ja pipart.

j) Teie supp on valmis. Serveeri kuumalt ja naudi.

38. <u>Merisambla ja põisamba läätsesupp</u>

Valmistab: 4

KOOSTISOSAD:

- 1 spl merisambla geeli
- 1 spl põisadru pulbrit
- 2 spl oliiviõli
- 1 hakitud sibul
- 1 ¼ tassi hakitud porgandit
- 2 hakitud küüslauguküünt
- 1 ¼ tassi tükeldatud selleriribi
- 2 tassi kuivatatud läätsi
- 400 g purustatud tomatit
- ½ tl köömne pulbrit
- ½ tl koriandri pulbrit
- 1 ½ tl paprikapulbrit
- 2 kuivatatud loorberilehte
- ¼ tassi sidrunimahla
- ¼ teelusikatäit soola
- ¼ teelusikatäit pipart
- 6 tassi köögiviljapuljongit

JUHISED:

a) Kuumuta suures potis õli.

b) Küpseta küüslauku ja sibulat 2 minutit.

c) Lisa seller ja porgand. Küpseta, kuni need muutuvad pehmeks.

d) Nüüd lisa purustatud tomat, seejärel läätsed, loorberilehed ja köögiviljapuljong.

e) Nüüd lisa köömnepulber, koriandripulber ja paprikapulber.

f) Sega korralikult läbi ja lase keema tõusta.

g) Kata pott kaanega ja keeda madalal kuumusel, kuni läätsed on pehmed.

h) Nüüd lisa meresambla ja põisamba pulber. See protsess suurendab toiteväärtust ja lisab supile tekstuuri.

i) Segage seda vispliga, et vältida tükkide tekkimist.

j) Lisage veidi soola, pipart ja sidrunimahla.

k) Supp on serveerimiseks valmis.

l) Serveeri koos sooja röstitud leivaga võiga või ilma.

39. <u>Porru Kartulisupp meresamblaga</u>

Valmistab: 4

KOOSTISOSAD:

- 1 tass peeneks hakitud porrut
- $\frac{1}{2}$ tassi hakitud sellerit
- 2 spl taimeõli
- 3 tassi tükeldatud kartulit
- 1 tass meresambla geeli
- 1 tass köögiviljapuljongit
- 2 tassi mandlipiima
- Sool ja pipar maitse järgi

JUHISED:

a) Prae suures potis porrulauk ja seller taimeõlis pehmeks.

b) Lisa kartul ja köögiviljapuljong.

c) Keeda neid madalal temperatuuril kenasti, kuni kartul on pehme.

d) Püreesta kartulid osaliselt, nii et mõned suured tükid jäävad alles.

e) Nüüd lisa meresamblageel ja mandlipiim.

f) Lisa maitse järgi soola ja pipart.

g) Segage segamiseks, reguleerige maitsestamist ja soojendage.

h) Teie porru-kartulisupp meresamblaga on serveerimiseks valmis. Naudi seda krõmpsuva röstsaiaga.

40. Miso merekarbi supp meresamblaga

Valmistab: 4

KOOSTISOSAD:

- 200 g karbid
- 1 väike tükk kuivatatud pruunvetikat (Kombu)
- 500 ml vett
- 1 supilusikatäis merisammal (Fa Cai)
- 1 spl Miso pasta
- 2 supilusikatäit Mirin (Jaapani riisivein)
- 1 spl kevadsibulat, hakitud

JUHISED:

a) Lisage väikeses potis pruunvetikas vette ja laske aeglaselt keema tõusta.

b) Vahepeal leota meresammal külmas vees ja lase pehmeneda.

c) Peske karbid ja eemaldage mustus või liiv.

d) Kui puljong hakkab keema, eemalda pruunvetikas ja lisa karbid.

e) Keeda karbid, kuni need on avanenud. Keera kuumus madalaks ja lisa misopasta, mirin ja merisammal.

f) Kaunista mõne hakitud sibulaga ja serveeri.

41. Kurgi ja avokaado vegansupp

Valmistab: 6 portsjonit

KOOSTISOSAD:

- 1 sibul
- 1 tl purustatud küüslauku
- 1 liiter köögiviljapuljongit
- 2 suurt kurki
- 1 keskmine avokaado
- 6 supilusikatäit Sea Moss Gold
- Sool ja pipar maitse järgi

JUHISED:

a) Prae küüslauku ja sibulaid väheses koguses köögiviljapuljongis (või soovi korral õlis), kuni need muutuvad läbipaistvaks.

b) Lisa potti ülejäänud köögiviljapuljong ja lase kuumeneda.

c) Haki kurk viiludeks.

d) Lisa blenderisse Sea Mossi geel, avokaado ja kurgipuljong ning sega kõrgel kuumusel.

42. <u>Sea Moss Butternut squashisupp</u>

Valmistab: 4

KOOSTISOSAD:

- 400 g Butternut Squash, kooritud ja kuubikuteks lõigatud
- 200 g meresambla geeli
- 75 g sibulat
- 40 g porrulauku (ainult valge osa)
- 20 g sellerit
- 1 küüslauguküüs, püreesta
- 30 g Võid
- 750 ml Köögiviljapuljong
- Sool, valge pipar ja muskaatpähkel maitse järgi
- Vürtsikott: tüümian, loorberileht, petersellivarred ja purustatud valge pipraterad.

JUHISED:

a) Hauta sibulad, porrulauk ja seller võis pehmeks.

b) Lisa squash ja küüslauk ning jätka higistamist.

c) Lisa köögiviljapuljong ja vürtsikott.

d) Kuumuta keemiseni, alanda kuumust ja hauta.

e) Eemalda vürtsikott, lisa meresamblageel ja püreesta blenderis ühtlaseks massiks ning maitsesta soola ja pipraga.

SALATID JA KÜLGID

43. Merevetikate ja roheliste salat

Valmistab: 4

KOOSTISOSAD:
RIIDEMINE
- 1 spl riisiäädikat
- 1 spl peeneks hakitud šalottsibul
- 1 spl värsket sidrunimahla
- 1 tl Dijoni sinepit
- $\frac{1}{4}$ teelusikatäit mett
- 2 spl neutraalset toiduõli (nt viinamarjaseemned)
- 1 spl ekstra neitsioliiviõli
- $\frac{1}{2}$ tl peent meresoola, lisaks veel maitse järgi
- $\frac{1}{8}$ teelusikatäis musta pipart, lisaks veel maitse järgi

SALAT
- 8 tassi lehtsalatit, rebitud suupärasteks tükkideks
- 1 tass külmutatud valmislõigatud pruunvetikas, sulatatud
- $\frac{3}{4}$ tassi diagonaalselt viilutatud ($\frac{1}{8}$-tollise paksusega) porgandit
- $\frac{1}{2}$ tassi õhukeselt viilutatud rediseid
- $\frac{1}{2}$ tassi diagonaalselt viilutatud kurki
- $\frac{1}{2}$ tassi kuivatatud tervete lehtedega dulse
- $\frac{1}{2}$ tassi kuivatatud tervete lehtedega merisammalt, rebitud hammustavateks tükkideks
- Kosher sool, maitse järgi
- Must pipar, maitse järgi

JUHISED:

a) Vahusta väikeses kausis äädikas, šalottsibul, sidrunimahl, sinep ja mesi, kuni need on ühendatud.

b) Lisage õlid järk-järgult õhukese ühtlase joana, vahustades kuni emulgeerumiseni. Vispelda sisse sool ja pipar.

c) Viska suures kausis kokku salatirohelised, pruunvetikas, porgand, redis, kurk, dulse ja merisammal.

d) Nirista üle kastmega ja viska õrnalt peale. Maitsesta salat maitse järgi soola ja pipraga.

e) Serveeri kohe.

44. <u>Purustatud lillkapsas</u>

Valmistab: 2-4 portsjonit

KOOSTISOSAD:

- 2 ¼ tassi hakitud lillkapsast
- ¼ tassi piinia pähkleid
- 1 spl valget misopastat
- 1 tl sibulapulbrit
- 1 tl toitepärmi
- ¾ teelusikatäit Himaalaja soolakristalle
- ¼ tassi Sea Moss GEEL
- ⅓tassi vett

JUHISED:

a) Blenderda kõrgel kuumusel kuni kreemjaks ja soojaks.
b) Serveeri kastmega.

45. Meresamblaga visatud köögiviljasalat

Valmistab: 4

KOOSTISOSAD:
- 40 g avokaadot
- 60 g kurki
- 90 g merisammal (hüdraatunud)
- 60 g Porgand
- 60 g tomatit
- 60 g punast paprikat
- 20 g päevalilleseemneid
- 45 ml oliiviõli
- 15 ml valge veini äädikat
- Soola maitse järgi
- 15 g pestot
- Must pipar maitse järgi (jahvatatud)

JUHISED:
a) Peske meresammal, seejärel leotage seda üleöö vees, et rehüdreerida.
b) Pese ja lõika kõik köögiviljad suurteks kuubikuteks.
c) Leota hüdreeritud meresammal sidrunimahlas ja vees viis minutit, seejärel purusta merisammal väiksemateks tükkideks.
d) Kastme jaoks sega kausis valge veini äädikas, pesto, sool ja pipar ning seejärel vahusta aeglaselt oliiviõli, kuni see emulgeerub.
e) Pange kõik koostisosad segamisnõusse ja segage õrnalt pesto vinegretiga, puistake üle päevalilleseemnetega ja serveerige.

46. Merisambla aia salat

Valmistab: 4

KOOSTISOSAD:
- 90 g merisammal (värske hüdraatunud)
- 15 ml sidrunimahla
- 45 ml vett
- 40 g Rooma salatit
- 60 g tomatit
- 60 g avokaadot
- 2 untsi kõrvitsaseemnet
- 45 ml oliiviõli
- 15 ml valge veini äädikat
- Soola maitse järgi
- Must pipar maitse järgi (jahvatatud)

JUHISED:
a) Peske meresammal, seejärel leotage vees üleöö, et rehüdreerida.

b) Pese ja kuivata rooma lehed. Lõika hammustuse suurusteks tükkideks.

c) Leota hüdreeritud meresammal sidrunimahlas ja vees viis minutit.

d) Lõika avokaado parajateks ruutudeks ja lõika tomat julienniks.

e) Kastme jaoks sega kausis valge veiniäädikas, sool ja pipar ning seejärel vahusta aeglaselt oliiviõli.

f) Pange kõik koostisosad segamisnõusse ja raputage õrnalt vinegretiga, puistake kõrvitsaseemnetega ja serveerige.

MAGUSTOODUD

47. <u>Sidrunikreem</u>

Valmistab: 4

KOOSTISOSAD:

- $\frac{1}{4}$ tassi pakitud leotatud Sea Moss1 $\frac{1}{2}$ tassi pähklipiima
- $\frac{1}{2}$ tassi leotatud pähkleid
- 1 tl sidrunikoort
- $\frac{1}{4}$ tassi sidrunimahla
- $\frac{1}{2}$ tassi agaavinektarit või mett
- 7-10 tilka sidruniõli
- $\frac{1}{8}$ teelusikatäit kurkumit
- $\frac{1}{8}$ teelusikatäis Himaalaja soolakristalle
- 1 tl vaniljeekstrakti või 2 vaniljekauna

JUHISED:

a) Leota Merisammalt vähemalt 3 tundi.
b) Sega sammal pähklipiima või kookosveega väga ühtlaseks massiks.
c) Lisa ülejäänud koostisosad ja sega uuesti läbi.
d) Lase külmkapis taheneda.

48. Kreemjas mandli/pähkli piim

Valmistab: 4

KOOSTISOSAD:

- 2 tassi leotatud mandleid (1 $\frac{1}{4}$ tassi enne leotamist)
- 4 tassi vett
- 1 tl vanilli
- 2 supilusikatäit leotatud merisammalt

JUHISED:

a) Blenderda pähklid ja vesi kõrgel kuumusel, kuni need on hästi segunenud.
b) Vala läbi pähklipiima koti
c) Suruge kotti, kuni kogu vedelik on eraldunud.
d) Lisa sammal ja blenderda uuesti ühtlaseks massiks.
e) Hoidke piima klaaspurgis külmkapis kuni 4 päeva.

49. <u>Šokolaadikreem</u>

Valmistab: 4

KOOSTISOSAD:

- 1 tass Sea Moss GUM
- 2 tassi mandli- või pähklipiima
- $\frac{1}{2}$ tassi toorkakao- või jaanileivapulbrit
- 1 tl vaniljeekstrakti või 1 vaniljekaun
- $\frac{1}{4}$ teelusikatäit Himaalaja soolakristalle
- 1 tl vaniljeekstrakti
- 1 tass agaavinektarit

JUHISED:

a) Blenderda ühtlaseks.

b) Vala pirukapõhjale ja lase mitu tundi külmkapis taheneda.

50. Võtme laimipirukas

Valmistab: 8-10

KOOSTISOSAD:
KOORIK:
- 2 tassi makadaamiapähkleid
- 2 tassi pekanipähklit
- 2 näputäis soola
- 2-3 supilusikatäit datlipastat

TÄITMINE
- 1 tass laimimahla
- 1 tl rohelist toitu (valikuline)
- 1 tass avokaado-märja mõõt
- 1 ½ tassi kookospiima
- 1 tass agaavinektarit
- 3 supilusikatäit letsitiinisoola ja vanilli maitse järgi
- 1 tass lõhnatu kookosõli

BESESE KAITSE
- 1 unts. (¼ pakitud tassi) leotatud ja pestud Sea Moss
- ½ tassi vett
- 2 tassi kookospiima
- ½ tassi kookospähkli liha
- ½ tassi leotatud india pähkleid
- 6 supilusikatäit agaavi
- sool ja vanilje maitse järgi
- 1 ½ supilusikatäit letsitiini
- 1 tass kookosõli (lõhnata)

JUHISED:
KOORIK:

132

a) Pane kõik koostisained köögikombaini ja püreesta ühtlaseks massiks.

b) Suru pirukaplaadile ja pane külmkappi tahenema.

TÄITMINE

c) Valmistage kookospiima, segades selle lihaga noore kookospiima.

d) Blenderda ühtlaseks.

e) Vala pirukapõhjale ja lase külmkapis taheneda.

BESESE KAITSE

f) Leota sammalt 30 minutit – 3 tundi puhastatud vees, loputa hästi ja nõruta.

g) Segage merisammal ja vesi vähemalt 30 sekundit või kuni see laguneb.

h) Lisage ülejäänud koostisosad, välja arvatud letsitiin ja kookosõli, ja segage, kuni see on hästi segunenud.

i) Segamise ajal lisab letsitiini ja kookosõli ühtlaseks ja kreemjaks.

j) Vala kaussi ja pane külmkappi, kuni see pakseneb ja tundub külm.

51. Päikesevalguse päts

Valmistab: 4-8

KOOSTISOSAD:

- 2 tassi leotatud pähklit (1 $\frac{1}{4}$ tassi enne leotamist)
- 2 tassi leotatud päevalilleseemneid (1 tass enne leotamist)
- 3 sellerivart, tükeldatud
- 1 jalapeño, tükeldatud
- 1 $\frac{1}{2}$ tassi hakitud suvikõrvitsat
- 1 tass hakitud rohelist kapsast
- $\frac{1}{4}$ tassi hakitud peterselli
- 1 tl Himaalaja soolakristalle
- 1 spl tumedat misopastat
- 1 tl hakitud kuivatatud või värsket rosmariini
- 1 spl sibulapulbrit
- 1 küüslauguküünt
- 1 supilusikatäis tamari
- $\frac{1}{2}$ tassi Sea Moss GEEL

JUHISED:

a) Püreesta kõik koostisained ühtlaseks massiks.

b) Vormige kuivatusalusel päts, mille all on teflonkattega leht VÕI külmutage tainas leivavormi, seejärel eemaldage ja viilutage pärast külmutamist

c) Lülitage dehüdraator esimese 2 tunni jooksul maksimaalselt sisse

d) Madalam 115 kraadini

e) Pöörake päts ümber ja eemaldage teflonkattega leht

f) Jätkake kuivatamist, kuni päts on väljastpoolt kindel ja seest veidi niiske.

g) Serveeri kastmega.

52. Merisambla šokolaadikook

Valmistab: 4

KOOSTISOSAD:

MÄRGAD KOOSTISOSAD

- 6 supilusikatäit meresamblageeli
- 1 tass magustamata piima
- 1 supilusikatäis valget äädikat
- 200 grammi tumedat šokolaadi, purustatud
- 1 tassi keeva veega
- ⅔tassi kakaopulbrit
- 1 supilusikatäis vanilli
- ¾ tassi magustamata õunakastet
- ½ tassi taimeõli pluss 1 supilusikatäis

KUIVAD KOOSTISOSAD

- 2 tassi universaalset jahu
- ¾ tassi valget suhkrut
- ¾ tassi tumepruuni suhkrut,
- 2 tl lahustuvat kohvipulbrit
- 1 ja ½ teelusikatäit küpsetuspulbrit
- 1 ja ½ tl söögisoodat
- 1 tl soola

ŠOKOLAADIGANAŠE KARSTE:

- 350 grammi tumedat šokolaadi, purustatud
- 1 (400 ml) purk kookoskreemi
- ⅓tassi kakaopulbrit
- 1 tl vanilli

JUHISED:

a) Kuumuta ahi 350°-ni, määri kergelt)2-9-tollised ümmargused mittekleepuvad koogivormid). Vooderdan oma pannid ka küpsetuspaberist ümmargustega ja määrin need kergelt rasvainega. Lisage väikesesse kaussi taimne piim ja äädikas, see on teie "Petipiimasegu", segage ja asetage kõrvale.

b) Keskmises kausis lisage kuivained ja segage segu, pange a)suur segamisnõu)lisa šokolaaditükid ja keev vesi ning lase minut aega seista. Nüüd lisa kakaopulber ja vahusta ühtlaseks. Seejärel lisage ülejäänud "märjad koostisosad", sealhulgas "Petipiimasegu", ja vahustage, kuni see on segunenud.

c) Järgmisena lisa kuivained ja vahusta ühtlaseks massiks. Ärge segage üle. Valage koogitainas oma 2 ettevalmistatud küpsetusvormi. Küpseta 30-35 minutit või kuni koogi keskele torgatud hambaork tuleb puhtana või vähese puruga välja. Jahutage koogid vormides 10-15, seejärel eemaldage koogid vormidest ja jahutage enne glasuurimist täielikult restidel.

d) Piimavaba šokolaadi ganache: lisage šokolaaditükid suurde KUIVAsse segamisnõusse,

e) Kuumuta kookoskreem pliidil kuumaks, ära lase podiseda. Vala koor šokolaadisegule. Lase seista minut aega, seejärel lisa kakao ja vanill. Vahusta ühtlaseks vahuks.

f) Tõsta 1 tunniks külmkappi, 30 minuti pärast vispelda.

g) Kui kook on täiesti jahtunud, pane kook külma! Nautige!

53. <u>Vegan Ackee & Sea Moss Mousse</u>

Valmistab: 4 portsjonit

KOOSTISOSAD:

- 120 g Valmistatud Sea Moss geel
- 200 g mandlipiima
- 200 g aurutatud Ackee
- 120 g vahtrasiirupit
- Soovi korral tilk vaniljeekstrakti, valikuline

VALIKULINE GARNIS:

- Purustatud merevahukommid, pähklid või puuviljad
- Sulatatud šokolaad või karamellkaste
- Vahustatud kookoskoor

JUHISED:

a) Soojendage ackee, piima ja sammalt veidi.

b) Blenderda kõik koostisained. Jaotage ühtlaselt 4 klaasi vahel.

c) Jahutage kuni hangumiseni.

d) Serveeri vastavalt soovile kaunistatud

54. Hurma ja mandariiniapelsini tort

Valmistab: 4 portsjonit

KOOSTISOSAD:
KARAMELLKOOR:
- 100 grammi india pähkleid
- 50 grammi purustatud kookospähklit
- 1 supilusikatäis vahtrasiirupit
- 1 supilusikatäis kašupähklivõid
- 1 supilusikatäis kookosõli
- 2 näputäis soola

MANDARIINI APELSINIVAHT:
- 60 grammi india pähkleid
- $\frac{1}{2}$ tassi mere sambla pasta
- 1 mandariini apelsin
- 1 näputäis soola
- 40 grammi kookosõli

SIDRUNIGA MARINEERITUD HURMA:
- 2 hurmaa
- 1 supilusikatäis sidrunimahla
- 1 tl agaavisiirupit
- 1 näputäis soola

VALGE ŠOKOLAADI KASTE:
- 25 grammi. kahekordse broileri toorkakaovõiga sulatatud
- 25 grammi kašupähklivõid
- 1 spl agaavisiirupit
- 1 näputäis soola

JUHISED:

a) Asetage karamellkooriku koostisosad kaussi ja kasutage spaatlit, et need põhjalikult segada. Laota koorik ühtlaselt eemaldatava põhjaga hapuvormi.

b) Asetage kõik mandariini apelsinivahu koostisosad, välja arvatud kookosõli, blenderisse. Blenderda kuni täiesti ühtlaseks.

c) Lisa kookosõli ja sega veel. Vala hapukoore sisse ja jahuta 3 tundi külmkapis, kuni see taheneb.

d) Aseta sidruniga marineeritud hurmade koostisosad kaussi. Kombineerimiseks viska seda kergelt läbi. Kui mandariini apelsinivaht on tahenenud, lao peale hurmaad.

e) Pane valge šokolaadi koostisosad kaussi ja kasuta puulusikaga segamiseks. Kuumuta topeltkatlas temperatuurini 42°C.

f) Eemaldage topeltkatlast ja segage hästi spaatliga, kuni see jahtub umbes 25 °C-ni.

g) Jahuta valge šokolaad ja nirista lusikaga tordile.

55. <u>Irish Moss Fruit Gel Magustoit</u>

Mark: 8

KOOSTISOSAD:

- 1 peotäis iiri sammalt
- 1 oksake piparmündi või piparmündi teepakk
- $\frac{1}{2}$ tassi õunamahla
- 1 sidruni mahl
- 1 õun
- 1 pirn
- 1 tass segatud marju
- Maitse järgi vahtrasiirup või mett

JUHISED:

a) Võtke peotäis sammalt ja leotage seda suures potis külmas vees. Mõne minuti pärast hakake sammalt sõrmedega hõõruma.

b) Loputage mitu korda sõelaga ja leotage pool tundi uuesti uude vette, et sammal kataks.

c) Lisa piparmündioksake või piparmünditeekott ja kuumuta keemiseni. Keera madalal kuumusel ja küpseta pool tundi, aeg-ajalt segades.

d) Lase veidi jahtuda ja vala suure kausi peale sõela. Lase nõrguda ja kraabi kummilabidaga sõela põhjast paks kaste. Visake järelejäänud sammal ära.

e) Sellele mahlale lisage maitse järgi 1/2 tassi õunamahla ja vahtrasiirupit või mett. Vala väiksemasse kaussi ja lisa tükeldatud puuviljad: õunad, pirnid, mustikad ja vaarikad. Kata ja jahuta üleöö või kuni taheneb.

f) Küpsetatud puuviljadest saab teha ka magustoidugeeli. Geeli valmistamise ajal hautage puuviljad eraldi kastrulis ja lisage maitse järgi kaneeli, vanilli, hakitud pähkleid ja magusainet.

g) Helgemaks soovi korral sidrunikoore või apelsinikoore või sidrunimahlaga. Kombineerige geeliga ja laske sellel kõigel jahtuda.

h) Jahuta üleöö või kuni taheneb. Serveeri vahukoorega.

56. <u>Vanilje kookosejäätis</u>

Valmistab: 4

KOOSTISOSAD:
- 2 tassi mandleid
- 3 tassi vett
- $\frac{1}{2}$ tassi kookosõli
- $\frac{1}{4}$ pakitud tassi merisammalt kaalu järgi pärast 3-8-tunnist leotamist ja korralikku loputamist
- 1 tass agaavinektarit
- $\frac{1}{4}$ teelusikatäit vaniljepulbrit (või 1 vaniljekaun)
- 2 tl vaniljeekstrakti
- $\frac{1}{4}$ teelusikatäit Himaalaja soolakristalle

JUHISED:
a) Sega mandlid veega paksu mandlipiima saamiseks. Kurna segu läbi pähklipiima koti ja säilita viljaliha.

b) Sega 1 tass mandlipiima meresamblaga väga ühtlaseks massiks.

c) Lisa ülejäänud koostisosad ja sega ühtlaseks massiks.

d) Vala külmutatavasse anumasse ja lase üleöö külmuda.

e) Lase enne serveerimist umbes 15 minutit sulada.

57. Maasika-banaani mõnus kreem

Valmistab: 4 tassi

KOOSTISOSAD:

- 5-6 väga küpset burro-banaani
- 1 tass külmutatud maasikaid
- $\frac{1}{4}$ tassi mere sambla geeli
- 3 spl agaavinektarit
- 2 supilusikatäit omatehtud kanepi meresamblapiima
- $\frac{1}{2}$ väikest võtmelubja, pressitud

JUHISED:

a) Tükeldage oma banaanid ja lisage need suurde Ziploci kotti. Pane sügavkülma umbes 4 tunniks (või üleöö).

b) Pärast külmutamist lisage 8-tassisse köögikombaini koos külmutatud maasikate, samblageeli, agaavinektari, kanepipiima ja laimimahlaga.

c) Blenderda ühtlaseks.

d) Haara klaasanum ja lisa jäätis ühtlaselt tasandades.

e) Võite seda serveerida pehme serveerimisega jäätise jaoks või katta kaanega ja külmutada vähemalt 4 tundi.

f) Kui see on tahkunud, sulatage enne serveerimist 2–5 minutit.

g) Säilita jäätist sügavkülmas kuni 2 nädalat.

58. Vanillipistaatsia jäätis

Valmistab: 4

KOOSTISOSAD:
- 2 tassi pistaatsiapähkleid
- 1 $\frac{1}{2}$ tassi vett
- $\frac{1}{2}$ tassi neitsi kookosõli
- $\frac{1}{4}$ tassi pakitud merisammalt
- $\frac{1}{2}$ tassi kookospähkli nektarit
- $\frac{1}{4}$ teelusikatäit vaniljepulbrit
- 2 tl vaniljeekstrakti
- $\frac{1}{4}$ teelusikatäit mineraalsoola
- Datlipasta maitse järgi

JUHISED:
a) Sega pähklid veega paksuks kreemiks. Kurna segu läbi pähklipiimakoti.
b) Sega 1 tass pistaatsiapiima meresamblaga väga ühtlaseks massiks.
c) Lisa ülejäänud koostisosad ja sega ühtlaseks massiks.
d) Vala külmutatavasse anumasse ja lase üleöö külmuda.

59. <u>Vegan Apelsini Creamsicle Popsicles</u>

Mark: 8

KOOSTISOSAD:

- $\frac{1}{2}$ tassi apelsinimahla
- 15 untsi. purk täisrasvast kookospiima
- 6 Medjool kuupäevad
- 1 tl vaniljeekstrakti
- 1-2 supilusikatäit samblageeli

JUHISED:

a) Kõik koostisained blenderisse ja blenderda väga hästi ühtlaseks massiks.

b) Vala segu popsivormidesse. Lisa pulgad.

c) Külmutage 6-8 tundi või üleöö või kuni täieliku külmumiseni.

d) Söö 3 kuu jooksul.

60. Šokolaadi-vaarika keerisjäätis

Mark: 8

KOOSTISOSAD:
- $\frac{1}{2}$ tassi heledat agaavinektarit
- 2 untsi magustamata šokolaadi, tükeldatud
- 3 tassi vanilje mandlipiima, jagatud
- ⅓tassid kakaopulbrit
- 1 näputäis soola
- 1 tass pakitud merisammal, puhastatud ja leotatud
- 1 purk (12 untsi purk) vaarikahoidiseid

JUHISED:
a) Soojenda väikeses potis agaavinektar koos tükeldatud šokolaadiga võimalikult madalal kuumusel, pidevalt segades, kuni šokolaad on sulanud. Tõsta tulelt ja tõsta kõrvale.

b) Segage segistis 1 tass mandlipiima, kakaopulbrit, soola ja merisammalt. Blenderda suurimal kiirusel 1 minut või kuni segu on täiesti ühtlane.

c) Lisa agaavi/šokolaadisegu blenderisse ja blenderda ühtlaseks massiks. Valage segu suurde kaussi ja vahustage ülejäänud 2 tassi mandlipiima, kuni see on segunenud. Kata kauss ja pane mitmeks tunniks külmkappi või kuni see on hästi jahtunud.

d) Töötle jäätisemasinas vastavalt tootja juhistele. Eemaldage jäätis oma masinast ja pakkige see sügavkülmikusse.

e) Tilguta teelusikatäit vaarikahoidiseid jäätisele ja suru need siis sinna alla.

f) Pane mitu tundi sügavkülma, kuni see taheneb.

61. Piimavaba vaniljeoa jäätis

Mahutab: 1 liitrit

KOOSTISOSAD:

- 2 14-untsi purki täisrasvast kookospiima
- $\frac{1}{2}$ tassi mett
- $\frac{1}{2}$ tl vaniljekauna pulbrit
- Näputäis meresoola
- 1 $\frac{1}{2}$ supilusikatäit samblageeli
- $\frac{1}{2}$ tassi keeva veega

JUHISED:

a) Asetage kookospiim, mesi, vanill ja meresool segisti anumasse ning segage, kuni see on segunenud.

b) Lisage meresamblageelile väikeses kausis järk-järgult keev vesi – vahustage intensiivselt, kuni see on täielikult lahustunud. Lisa kookospiimasegule ja sega uuesti läbi.

c) Vala jäätisesegu jäätisemasina sügavkülma kaussi ja töötle 20 minutit, kuni saavutad pehme serveerimise konsistentsi.

d) Serveeri kohe või pane sügavkülmakindlasse anumasse ja pane sügavkülma 2-3 tunniks või kuni see on tahke.

62. Makadaamia- või kookospähklikoorega kate

Valmistab: 4

KOOSTISOSAD:

- 1 tass makadaamiapähkleid või kookospähkli viljaliha
- $\frac{1}{2}$ tassi pähklipiima
- $\frac{1}{4}$ tassi Sea Moss GEEL
- 1 supilusikatäis kookosõli
- 1 tl vanilli või rohkem maitse järgi
- $\frac{1}{4}$ tassi agaavinektarit
- suur näputäis soolakristalle

JUHISED:

a) Blenderda kõrgel temperatuuril kuni kreemjaks.

b) Vala peale šokolaaditäidis ja tee spaatliga piigid.

c) Tõsta külmkappi ja lase seista 1 tund või üleöö. Kestab 3-4 päeva.

63. Aluseline brasiilia pähkli juustukook

Valmistab: 4

KOOSTISOSAD:
TÄITMINE:
- 3 tassi brasiilia pähkleid
- 1 tass agaavi
- 1 spl merisambla geeli
- $\frac{1}{2}$ tassi kookosõli
- $\frac{1}{2}$ tassi kreeka pähkli piima
- 2 laimi mahl
- meresool, ingver ja nelgipulber maitse järgi

KOORIK:
- 1 tass kivideta datleid
- 1 tass kreeka pähkleid
- $\frac{1}{2}$ tassi speltahelbeid, teravilja (valikuline)

JUHISED:
a) Leota Brasiilia pähkleid üleöö, et need pehmeneksid.
b) Valmistage koor ette, segades datleid ja kreeka pähkleid umbes 10–15 sekundit. Purusta teravili ja sega sisse.
c) Tasandage kooresegu tihedalt panni põhja. Asetage see külmkappi.
d) Pane täidise koostisosad blenderisse ja blenderda, aeg-ajalt külgi maha kraapides. Blenderda segu ühtlaseks ja kreemjaks.
e) Lisa segu koorikuga pannile ja tõsta peale enda valitud puuvilja(d).
f) Külmutage 3 tundi.

64. <u>Meresambla banaanileib</u>

Valmistab: 4

KOOSTISOSAD:
- 4 supilusikatäit meresambla geeli
- 2 tassi universaalset jahu
- 1 tl küpsetuspulbrit
- $\frac{1}{2}$ tl söögisoodat
- $\frac{1}{4}$ teelusikatäit soola
- 2 $\frac{1}{4}$ tassi püreestatud küpseid banaane
- $\frac{1}{2}$ tassi soolamata võid
- 2 muna
- 1 tl vaniljeekstrakti

JUHISED:
a) Kuumuta ahi 350 kraadini F.
b) Sega kausis jahu küpsetuspulber, sooda ja sool. Eraldi kausis segage koor, suhkur ja või, seejärel segage vanilliekstrakt, munad, püreestatud banaan ja meresamblageel. Sega märg segu kuivseguga taignas.
c) Vala tainas ettevalmistatud küpsetusvormi ja küpseta, kuni banaanileiva sisse pista hambaork tuleb puhtana välja (küpsetusaeg umbes tund).

KASTSED, MOOSID JA SALSAD

65. <u>Õunasamblasiirup</u>

Valmistab: 4

KOOSTISOSAD:

- $\frac{1}{2}$ tassi metslille mett
- 32 untsi. Õunad Mahl
- 1 spl Meresambla geeli
- Poole laimi mahl

JUHISED:

a) Valage õunamahl läbi peene sõela ja väikesesse pliidipotti. Seadke pliidi temperatuur keskmisele-kõrgele.

b) Lisa mesi ja sega, kuni see on segunenud

c) Reguleerige pliidi temperatuur punktini, kus vedelik mullitab ilma tugeva pritsimiseta

d) Lisa ülejäänud koostisosad ja jätka segamist.

e) Kuna vedelik väheneb ja sisu muutub kontsentreeritumaks, peate võib-olla kohanema madalama temperatuuriga.

f) Lase pliidil küpseda kuni⅓juurde¼lähtevedelikust jääb järele.

g) Konsistentsi testimiseks asetage 1-3 supilusikatäit väikesesse klaaskaussi ja asetage 30 sekundiks kuni 1 minutiks sügavkülma.

h) Puudutage vedelikku hambaorki või puhta sõrmega ja tõstke sõrm aeglaselt üles.

i) Otsite võimalikult meelähedast konsistentsi.

j) Mida rohkem on veel küpseda, seda paksem on konsistents. Teie otsustate, kui õhukest või paksu seda soovite

k) Kui vedelik on keedetud ja soovitud konsistents on saavutanud, lülitage pliit välja ja laske sellel umbes 10 minutit jahtuda. Vedelik peaks olema endiselt väga kuum, kuid mitte keema.

l) Kurna vedelik läbi peene võrguga sõela müüripurki.

m) Pane purgile kaas peale ja lase jahtuda.

66. Merisambla õunakaste

Valmistab: 4

KOOSTISOSAD:

- 10 orgaanilist õuna, pestud ja kooritud
- 2 supilusikatäit lemmikmaitselist teed
- 2,5 tassi vett
- Valikuline: vahtrasiirup

JUHISED:

a) Haki õunad jämedalt ja jaga 2 kaussi. Igas kaussis on umbes 3,5 tassi õunu.

b) Valmistage 2 kannu teed, kasutades 2,5 tassi vett ja 2 supilusikatäit teed.

c) Kurna tee ja pane vedelik madalal kuumusel/leegil tagasi potti.

d) Lisage igasse potti 3 $\frac{1}{2}$ tassi jämedalt hakitud õunu.

e) Hauta, kuni õunad on pehmed ja kergesti läbi torgatavad või püreestatavad.

f) Kui õunad on valmis, tõsta leeki ja keeda liigne vedelik välja.

g) Kui vedelikku on vähendatud nii, et see moodustab 50% potis olevate õunte arvust, kasuta pulgablenderit või blenderit ja blenderda.

h) Teie õunakaste peaks olema iseenesest magus, kuid kuna iga saak ei ole ühesugune, võivad õunad abi vajada. Sel juhul lisage vahtrasiirupit, kuni olete rahul.

i) Lusikaga või valage puhastesse steriliseeritud klaaspurkidesse.

j) Lase jahtuda.

k) Kui see on jahtunud, katke kaanega ja jahutage.

l) Kui on käes serveerimise aeg, lusikaga 2 supilusikatäit valmistatud meresammalt õunakastmesse ja sega ning naudi.

67. Avokaado koriandri kaste

Valmistab: 4

KOOSTISOSAD:

- $\frac{1}{2}$ avokaadot (umbes 6 supilusikatäit)
- 3 spl laimimahla
- $\frac{3}{4}$ tassi vett
- 2-3 supilusikatäit tavalist samblageeli
- 1 supilusikatäis oliiviõli (valikuline)
- 1 tass värsket koriandrit, lahtiselt pakitud
- 1 küüslauguküüs, hakitud
- 1 tl vahtrasiirup
- $\frac{1}{2}$ tl peent meresoola
- must pipar, maitse järgi

JUHISED:

a) Kombineeri kõik koostisosad kiires blenderis ja sega ühtlaseks massiks.

b) Reguleerige maitseaineid oma maitse järgi ja hoidke seda külmikus kuni kasutusvalmis.

c) Hoida õhukindlas pakendis külmkapis kuni 4 päeva.

68. Merisambla õunakaste

Valmistab: 4 portsjonit

KOOSTISOSAD:

- 1 $\frac{1}{2}$ tassi kuivatatud merisammalt
- 2 tassi allikavett
- 2 virsikud
- Agaav maiustamiseks

JUHISED:

a) Peske ja leotage oma merisammalt allikavees vähemalt 45 minutit.

b) Lisage oma Sea Moss Blenderisse.

c) Segage aeglaselt allikaveega, kuni saavutate soovitud konsistentsi.

d) Lisa blenderisse tükeldatud virsikud ja sega hästi Sea Mossiga.

e) Lisa agaavi maitse järgi magustamiseks.

69. <u>Tervislik vegan salsa</u>

Valmistab: 3 portsjonit

KOOSTISOSAD:
"SIbulapasta"
- $\frac{1}{4}$ keskmist punast sibulat, hakitud
- 1 supilusikatäis värsket jalapeñot,
- $\frac{1}{4}$ tassi koriandrit, tükeldatud
- 1 tl küüslaugupastat
- $\frac{1}{2}$ tl meresoola
- $\frac{1}{4}$ tl köömne pulbrit

SALSA KOOSTISOSAD:
- 2 tassi värskeid tomateid, tükeldatud
- 2 tl laimimahla
- $\frac{1}{4}$ tl agaavinektarit
- 1 supilusikatäis meresamblageeli
- 1 väike tükk habanero pipart

JUHISED:
a) Esiteks valmistame oma "sibulapasta". See aitab salsal saavutada maksimaalse maitse. Loputage ja tükeldage sibul, jalapeño ja koriander suures kausis või lõikelaual. Seejärel lisage küüslaugupasta ning puistake kõikidele koostisosadele meresoola ja köömneid.

b) Püreerige koostisained tugeva kahvli või kartulimasinaga nii palju kui võimalik, kuni see moodustab mõnevõrra paksu pasta.

c) Seejärel haarake köögikombain ja lisage oma tomatid, pasta, laimimahl, agaavinektar, samblageel ja väike tükk habanero pipart.

d) Blenderda köögikombainis mitte kauem kui 1 minut, kuni kõik koostisosad on täielikult segunenud. Serveeri kohe koos tortillakrõpsudega või vegan tacode peal!

e) Seda Vegan Salsat saab ette valmistada ja see säilib külmkapis umbes 5–7 päeva. See EI külmuta hästi.

70. <u>Kirsitarretis meresamblageeliga</u>

Valmistab: 4

KOOSTIS:
- 4 $\frac{1}{2}$ tassi suhkrut
- 3 $\frac{1}{2}$ tassi värskelt pressitud kirsimahla
- $\frac{1}{4}$ tassi Sea Moss geeli

JUHISED:
a) Segage veekeetjas mahl ja Sea Moss Gel.
b) Kuumuta täieliku keemiseni.
c) Lisa suhkur, jätka segamist ja keeda kiiresti 1 minut.
d) Võtke kuumus maha; eemaldage kogu vaht kiiresti.
e) Valage tarretis kuumadesse steriilsetesse purkidesse, jättes $\frac{1}{4}$ tolli ruumi.
f) Sulgege purgid tihedalt, seejärel kuumutage neid viis minutit veevannis.

71. Kaneeli apelsini tarretis

Valmistab: 4

KOOSTIS:

- 2 tassi apelsinimahla
- ⅔tassi vett
- 4 pulka kaneeli
- ¼ tassi Sea Moss geeli
- 2 spl apelsinikoort, hakitud
- ⅓tassi sidrunimahla
- 1 tl täispipart
- ½ tl tervet nelki
- 3 ½ tassi suhkrut

JUHISED:

a) Sega pannil apelsinimahl, sidrunimahl ja vesi.

b) Sega juurde Sea Moss Gel.

c) Asetage apelsinikoor, piment, nelk ja kaneelipulgad riidesse.

d) Seo see nööriga kinni ja lisa puuviljasegu.

e) Kuumuta regulaarselt segades ja aja kiiresti keemiseni.

f) Lisa suhkur, sega ja keeda kiiresti 1 minut.

g) Võta tulelt. Eemaldage vürtsikott ja eemaldage kiiresti kogu vaht.

h) Valage tarretis kuumadesse steriilsetesse purkidesse ¼ tolli kaugusel ülevalt.

i) Sulgege purgid tihedalt, seejärel kuumutage neid viis minutit veevannis.

72. Viinamarja-ploomi tarretis

Valmistab: 4

KOOSTIS:
- 3 ½ naela. küpsed ploomid, pestud ja kividest eemaldatud
- 3 naela. küpsed Concordi viinamarjad, pestud
- ½ teelusikatäit võid
- 1 tass vett
- 8½ tassi suhkrut
- ¼ tassi Sea Moss geeli

JUHISED:
a) Purusta ploomid ja viinamarjad pannil veega. Keeda ja seejärel hauta 10 minutit.
b) Kurna mahl läbi marli.
c) Kombineerige mahl, või ja Sea Moss Gel; keeda kõrgel kuumusel, regulaarselt segades.
d) Lisa suhkur ja keeda kiiresti 1 minut.
e) Eemaldage tulelt, eemaldage vaht ja täitke steriilsed purgid, jättes ¼ tolli ruumi.
f) Sulgege purgid tihedalt, seejärel kuumutage 5 minutit veevannis.

73. Viinamarjamahla tarretis meresamblageeliga

Valmistab: 4

KOOSTIS:
- 5 tassi viinamarjamahla, värske
- 7 tassi suhkrut
- $\frac{1}{4}$ tassi Sea Moss geeli

JUHISED:
a) Segage veekeetjas mahl ja Sea Moss Gel.
b) Kuumuta täieliku keemiseni.
c) Lisa suhkur, jätka segamist ja keeda kiiresti 1 minut.
d) Võtke kuumus maha; eemaldage kogu vaht kiiresti.
e) Valage tarretis kuumadesse steriilsetesse purkidesse, jättes $\frac{1}{4}$ tolli ruumi.
f) Sulgege purgid tihedalt, seejärel kuumutage 5 minutit veevannis.

74. <u>Puuviljatarretis meresamblageeliga</u>

Valmistab: 4

KOOSTIS:

- 2 tassi jõhvikamahla, värskelt pressitud
- 2 tassi küdooniamahla, värskelt pressitud
- 1 tass õunamahla, värskelt pressitud
- $7\frac{1}{2}$ tassi suhkrut
- $\frac{1}{4}$ tassi Sea Moss geeli

JUHISED:

a) Segage veekeetjas mahlad ja suhkur.

b) Kuumuta regulaarselt segades ja aja kiiresti keemiseni.

c) Lisa Sea Moss Gel ja jätka keetmist 1 minut.

d) Võtke kuumus maha; eemaldage kogu vaht kiiresti.

e) Valage tarretis kuumadesse purkidesse, jättes $\frac{1}{4}$ tolli ruumi.

f) Sulgege purgid tihedalt, seejärel kuumutage neid viis minutit veevannis.

KUMMID

75. <u>Põisadruga närimiskummid</u>

Valmistab: 150 kummikummit

KOOSTISOSAD:

- 1 tass leedrimarja ingveri infusiooniga meresamblageeli
- 1 supilusikatäis põisadru
- ½ tassi mett
- 2 tl kaneeli
- 1 tl Cayenne'i pipart
- ¼ tassi sidrunit, mahla

AGAR-AGARI SEGU

- 2 supilusikatäit agar-agarit
- ½ tassi leedri ingveri vedelikku või tavalist aluselist vett

JUHISED:

a) Alustage 6 untsi värskelt segatud leedri ingveri samblageeli või tavalise meresamblageeliga. Lisa blenderis meresamblageelile põisadru, vahtrasiirup, kaneel, Cayenne'i pipar ja sidrunimahl. Segage, kuni koostisosad on täielikult segunenud. Kõrvale panema.

b) Lisa kastrulisse keskmisel-kõrgel kuumusel leedrimarja ingveri vedelik ja agar-agari pulber. Segage pidevalt, et eemaldada kõik tükid. Kuumuta segu keemiseni.

c) Kui segu hakkab keema, vähendage kuumust. Seejärel segage samblageeli segu, kuni see on täielikult segunenud, ja laske sellel umbes 2–3 minutit madalal kuumusel keeda.

d) Seejärel segage samblageeli segu, kuni see on täielikult segunenud, ja laske sellel umbes 1–2 minutit madalal kuumusel keeda.

e) Segage segu veendumaks, et merisambla geelisegu ja agar-agar on täielikult segunenud. Tõsta segu tulelt.

MERESAMMALKUMMID

f) Liikuge kiiresti ja kandke meresamblageeli segu kummikaru õõnsustesse vedelikutilguti abil.

g) Kummikarud hakkavad kohe tarduma. Tõsta kummikaru vorm külmkappi ja lase neil vähemalt 1 tund täielikult taheneda.

h) Kui kummikommid on hangunud, eemaldage kummikommid vormist ja viige need õhukindlasse müüripurki. Hoia kummikommid külmkapis 2-3 nädalat.

76. <u>Sea Moss Vegan kummikommid</u>

Valmistab: 1 purk

KOOSTISOSAD:

- 1 tass õunamahla, värske
- 2 spl agar-agari pulbrit
- 2 tl ingverit, hakitud
- $\frac{1}{8}$ teelusikatäis kaneeli
- 3 spl Meresambla geeli
- 1-2 spl kookospähkli nektarit

JUHISED:

a) Valage õunamahl väikesesse kastrulisse koos agar-agaripulbri, ingveri ja kaneeliga ning jätkake vahustamist, kuni kõik on ühtlaselt segunenud.

b) Sega juurde meresamblageel ja agaavinektar.

c) Lülitage pliit madalal-keskmisel kuumusel sisse, hakake hoogsalt vispeldama ja laske segul tasasel tulel keeda (MITTE KEEDA).

d) Jätka vahustamist, kuni segu hakkab muutuma kergelt paksuks, kuid mitte liiga paksuks, sest see pakseneb jahtudes.

e) Pange oma kummivorm valmis ja tilgutage tilguti abil osa segudest vormi.

f) Aseta vorm kuni tunniks ajaks külmkappi, kuni kummikommid on katsudes kõvad.

g) Kummide vabastamiseks lükake vormi ette/üles.

h) Hoidke kummikommid purgis, jahutage ja sööge neid vabal ajal!

77. <u>Merisambla hapukummid</u>

Valmistab: 4 portsjonit

KOOSTISOSAD:

- 2 supilusikatäit agar-agarit
- 3 supilusikatäit meresamblageeli
- $\frac{1}{2}$ tassi apelsinimahla
- $\frac{1}{2}$ tassi ananassimahla
- 2 teelusikatäit sidrunhapet
- 2 teelusikatäit mett

JUHISED:

a) Sega agar-agar ja mahl kokku
b) Aseta segu pliidile ja kuumuta keemiseni
c) Lisa mesi ja sega kuni lahustumiseni
d) Lisa meresammal kuni lahustumiseni
e) Lisage sidrunhapet, kuni see on lahustunud

78. <u>Merisambla leedrimarja kummikommid</u>

Mark: 24-30

KOOSTISOSAD:

- ⅔tassi õunamahla
- ¼ tassi Farmhouse Teas Leedrimarjasiirupi segu
- 1 sidrun, mahl
- ¼ tassi mett
- 1 tl meresambla pulbrit
- 4 pakki rohuga toidetud želatiini (umbes 1 unts)
- 4 lehte kummikaru vorme

JUHISED:

a) Klopi keskmise suurusega kausis kokku õunamahl, leedrimarjasiirup ja sidrun.

b) Vala pool segust keskmise suurusega kastrulisse ja lisa mesi. Asetage keskmisele kuumusele keema.

c) Vahepeal klopi meresammal ja želatiin keskmise suurusega kaussi koos ülejäänud leedrimarja/mahla seguga.

d) Kui segu pliidiplaadil podiseb, tõsta see tulelt ja vispelda aeglaselt keskmise suurusega kaussi koos teise poole seguga, mis on segatud želatiini ja meresamblaga.

e) Kui kõik on ühendatud ja lahustunud, kasutage kummivormide täitmiseks tilgutit. Aseta vähemalt kaheks tunniks külmkappi tarduma. Võta ettevaatlikult vormidest välja ja naudi!

79. <u>Kombucha kummikommid</u>

Valmistab: 4 portsjonit

KOOSTISOSAD:

- 2 supilusikatäit merisammalt
- $\frac{1}{2}$ tassi keeva veega
- 3 supilusikatäit toores mett
- 3 tassi Kombuchat (teie valitud maitse)

JUHISED:

a) Lisa keev vesi ja merisammal kiiresse blenderisse ning sega 30 sekundit
b) Lisa mesi ja sega uuesti 30 sekundit.
c) Lisage Kombucha ja segage uuesti 30 sekundit.
d) Vala segu 8×8 klaasnõusse või silikoonvormi ja pane kaheks tunniks külmkappi.
e) Lõika soovitud kujunditeks ja naudi.

80.   Kodused kummikommid

Mark: 16

KOOSTISOSAD:

- 1 tass peedimahla, suhkrut pole lisatud
- 2 supilusikatäit meresambla pulbrit
- Silikoonist kommivormid

JUHISED:

a) Valage mahl väikesesse kastrulisse. Kuumuta õrnalt, kuni mahl on väga soe, kuid mitte keema.

b) Lülitage kuumus välja ja valage samblapulber aeglaselt mahla hulka, samal ajal vahustades, kuni see on segunenud.

c) Valage segu silikoonvormidesse või 8x8-tollisse klaasist küpsetusnõusse, mis on väga kergelt kookosõliga määritud.

d) Hoidke omatehtud kummisuupisteid külmkapis vähemalt 2 tundi, seejärel tõstke need vormidest välja.

e) Võib-olla soovite need 15 minutiks sügavkülma panna, enne kui proovite neid vormist lahti võtta.

81. <u>Hapukas kirsi-laimi kummikommid</u>

Valmistab: 16 portsjonit

KOOSTISOSAD:
- $\frac{3}{4}$ tassi orgaanilist hapukas kirsimahla
- $\frac{1}{4}$ tassi kurnatud värskelt pressitud laimimahla
- 2 supilusikatäit toores mett
- 3 spl Meresambla geeli

JUHISED:
a) Kuumuta potis mahlad keskmisel kuumusel kuumaks, kuid mitte keemiseni.

b) Alandage kuumust madalaimale astmele ja vahustage mesi, kuni see on täielikult lahustunud.

c) Nüüd vispelda sisse meresamblageel. Jätkake segamist, kuni see on täielikult lahustunud, umbes 10 minutit.

d) Eemaldage kuumusest ja kandke vedelik ettevaatlikult kummivormidesse.

e) Kui sul vorme pole, võid kasutada minivooderdisega vooderdatud minimuffinivormi või väga kergelt määritud 8 x 8-tollist ahjuvormi.

f) Jahutage, kuni see on tahke (1-2 tundi), seejärel tõsta välja ja naudi!

JOOGID

82. <u>Jamaica mere sambla jook</u>

Valmistab: 8 portsjonit

KOOSTISOSAD:

- Mere sambla geel
- 1 tass mandlipiima võib kasutada kookospiima
- Kookose kondenspiim soovi korral maitse järgi
- $\frac{1}{4}$ tassi kookospähkli nektarit, agaavinektarit või vahtrasiirupit
- $\frac{1}{8}$ teelusikatäis muskaatpähklit
- $\frac{1}{8}$ teelusikatäis kaneeli
- 1 tl vanilli

JUHISED:

a) Lisage 4 supilusikatäit ⅓ tassi samblapastale koos mandlipiima, vanilli, vürtside ja agaaviga kiiresse segistisse
b) Blenderda ühtlaseks konsistentsiks.
c) Serveeri vastavalt.

83. Maasikasambla Shake

Valmistab: 4 portsjonit

KOOSTISOSAD:

- 2 tassi Brasiilia pähkli piima
- $\frac{1}{4}$-$\frac{1}{2}$ tassi Sea Moss GEEL
- $\frac{1}{2}$ tassi külmutatud maasikaid
- $\frac{1}{4}$ tassi agaavinektarit
- 1 tl vanilli

JUHISED:

a) Blenderda kõrgel massil ühtlaseks.
b) Nautige!

84. **Meresambla banaanismuuti**

Valmistab: 4 portsjonit

KOOSTISOSAD:
- 2 külmutatud banaani
- 2-3 kividega datlit
- $\frac{1}{4}$ tassi orgaanilisi kanepiseemneid
- 3 supilusikatäit valmistatud merisammal
- $\frac{3}{4}$ tl kaneeli
- $\frac{1}{4}$ teelusikatäit muskaatpähklit
- 1 tl vanilli
- 2 näputäis kardemoni
- 3-5 tera musta pipart
- 6-8 jääkuubikut
- 1,5-2 tassi filtreeritud vett
- Näputäis meresoola
- $\frac{1}{2}$ tl jaggeri

JUHISED:
a) Lisage kõik koostisosad blenderisse, jättes vesi viimaseks.
b) Lisage täpselt nii palju vett, kui teie segistis on.
c) Kui lisad liiga palju vett, ei jää see paks ja kohev.
d) Kui see on liiga paks, võite alati lisada rohkem vett, et muuta konsistents meelepäraseks.

85. Maasika-banaani smuuti

Valmistab: 4 portsjonit

KOOSTISOSAD:
- $\frac{1}{2}$ tassi tooreid mandleid või kreeka pähkleid
- $\frac{1}{4}$ tassi maasikaid
- 4 tassi vett
- $\frac{1}{2}$ Baby või Burro banaani
- 1 supilusikatäis meresambla smuutisegu
- Magustage maitse järgi datlite, $\frac{1}{2}$ tassi agaavi või $\frac{1}{2}$ tassi puhta vahtrasiirupiga

JUHISED:
a) Blenderda kõik koostisosad ühtlaseks ja kreemjaks.
b) Nautige.

86. **Mangosambla smuuti**

Valmistab: 4 portsjonit

KOOSTISOSAD:

- $\frac{1}{2}$ tassi tooreid mandleid või kreeka pähkleid
- 4 tassi vett
- 1 $\frac{1}{2}$ tassi külmutatud mangot
- 1 supilusikatäis meresambla smuutisegu
- Magustage maitse järgi datlite, $\frac{1}{2}$ tassi agaavi või $\frac{1}{2}$ tassi puhta vahtrasiirupiga (soovi korral)

JUHISED:

a) Blenderda kõik koostisosad ühtlaseks ja kreemjaks.
b) Nautige.

87. Arbuus lörtsine meresamblaga

Valmistab: 2

KOOSTISOSAD:
MERESAMBLAGEEL
- 1 tass kuivatatud meresammal
- 2 tassi vett

ARUBUSI SLUSHIER
- 2 tassi seemneteta arbuusi (veenduge, et see oleks täielikult külmunud!)
- 1 tass maasikaid, külmutatud
- $\frac{1}{4}$ tassi omatehtud meresamblageeli
- 1 terve laim, mahla, pluss 2 laimiviilu või -ratast kaunistamiseks
- $\frac{1}{4}$ tassi vett ja vajadusel veel 1 kuni 2 supilusikatäit
- 2 supilusikatäit heledat agaavinektarit
- 10 värsket piparmündilehte, lisaks veel kaunistuseks

JUHISED:
MERESAMBLAGEEL
a) Loputage merisammal väga hästi, et eemaldada selles viibiv praht. Seejärel leotage seda kolmkümmend minutit puhtas vees. Korrake seda veel üks kord.
b) Kui olete esimese sammu lõpetanud, leotage merisammal puhtas vees (ärge kasutage kraanivett) ja asetage see ööseks või vähemalt kümneks tunniks külmkappi. Veenduge, et merisambla kataks seda palju vett, sest see suureneb veidi, kui see imab vett.

c) Järgmisel päeval tühjendage vesi ja asetage sammal suure võimsusega blenderisse koos kahe tassi puhta veega. Blenderda kõrgel temperatuuril kuni ERITI siledaks.

d) Vala geel suurde müüripurki ja hoia külmkapis kuni neli nädalat! Kui meresambla geel külmub, pakseneb see veidi.

ARUBUSI SLUSHIER

e) Lisa kõik koostisosad võimsasse blenderisse ja blenderda kuni väga sile!

f) Kaunista laimiviilu ja oksakese värske piparmündiga!

88. <u>Kreemjas kakaosammal</u>

Valmistab: 3

KOOSTISOSAD:

- 3 tassi vett
- 1 peotäis tooreid mandleid või kreeka pähkleid
- 1 spl kookosvõi
- 1 avokaado
- 1 supilusikatäis kakaosammalt
- Maiusta datlitega
- $\frac{1}{2}$ tl kaneeli ja muskaatpähkel

JUHISED:

a) Blenderda kõik koostisosad ühtlaseks ja kreemjaks.
b) Nautige.

89. Kuuma meresambla smuuti segu

Valmistab: 2 portsjonit

KOOSTISOSAD:

- $\frac{1}{2}$ supilusikatäit merisambla smuutisegu
- $\frac{1}{4}$ tassi agaavi/puhast vahtrasiirupit
- $\frac{1}{2}$ tl vaniljeekstrakti
- 3 supilusikatäit pähklit (valikuline)
- 1 liitrit keedetud vett

JUHISED:

a) Segage kõik koostisosad kõrgel temperatuuril.
b) Nautige!

90. Vegan šokolaadi piimakokteil

Valmistab: 2

KOOSTISOSAD:

- 4 supilusikatäit meresambla geeli
- 3 külmutatud banaani
- 1,5 tassi mandlipiima
- 2 kuupäeva
- 2 supilusikatäit magustamata kakaopulbrit
- 1 tl vanilli
- $\frac{1}{2}$ tl kaneeli

JUHISED:

a) Blenderda kõik koostisained korraga, kuni saad ühtlase konsistentsi.

b) Serveerige oma piimakokteili ja lisage eelistatud lisandid, näiteks šokolaad, kaneel ja puuviljad.

91. <u>Rohelise meresambla spinati smuuti</u>

Valmistab: 2 portsjonit

KOOSTISOSAD:

- 2 tassi mandlipiima
- 1 külmutatud banaan
- 2 tassi külmutatud mangot
- 1 tass spinatit
- $\frac{1}{2}$ tassi piimavaba jogurtit
- 2 supilusikatäit merisammalt

JUHISED:

a) Lisage kõik koostisosad oma blenderisse.
b) Blenderda kuni saad ühtlase konsistentsi

92. Merisambla ananassi smuuti

Valmistab: 2

KOOSTISOSAD:

- 2 tassi ananassi
- 1-2 supilusikatäit teie lemmiksambla maitset!
- 4 tassi kookosvett
- agaavi maitse järgi
- Väike tükk ingverit lisalöögiks on valikuline

JUHISED:

a) Sega kõik koostisained blenderis läbi.

b) Lisage veel kookosvett, kuni saate soovitud konsistentsi.

93. <u>Sea Moss smuuti</u>

Valmistab: 2 portsjonit

KOOSTISOSAD:
- 2 supilusikatäit meresamblageeli
- 1 banaan
- 2 tassi mandlipiima
- 1 tl vaniljeekstrakti
- $\frac{1}{8}$ teelusikatäit kaneeli
- $\frac{1}{8}$ teelusikatäit muskaatpähklit
- 2 supilusikatäit kõrvitsaseemneid
- 2 supilusikatäit linaseemneid
- 2 supilusikatäit päevalilleseemneid
- Vajadusel lisa mett või agaavi

JUHISED:
a) Blenderda ühtlaseks.
b) Nautige.

94. <u>Õunavürtsi smuuti</u>

Valmistab: 2 portsjonit

KOOSTISOSAD:

- 1 keskmise suurusega õun
- $\frac{1}{2}$ supilusikatäit kaneeli
- 1 tass mandlipiima
- 1 tass kreeka jogurtit
- 2 supilusikatäit meresamblageeli
- Jää

JUHISED:

a) Alusta smuutisse panemiseks keskmise suurusega õunast ja poolest supilusikatäiest kaneelist.

b) Soovite oma smuuti põhjaks veidi piima või mandlipiima; mõnele meeldib maitse saamiseks mett lisada.

c) Lisage üks tass kreeka jogurtit, et anda sellele rohkem maitset, ja meresammalt joogi paksendamiseks.

d) Pane see kõik võimalikult suure jääga blenderisse ja blenderda soovitud konsistentsini.

95. <u>Sea Moss Blackberry Smash</u>

Valmistab: 1

KOOSTISOSAD:

- 1 peotäis murakad
- 2 supilusikatäit meresamblageeli
- 3 supilusikatäit kookoskoort
- 2 supilusikatäit laimimahla
- $\frac{1}{2}$ tassi jääd

JUHISED:

a) Sega murakaid klaasi põhja
b) Lisa segatud murakate peale jää
c) Sega kokku jää, meresamblageel, kookoskreem, kookosvesi, laim
d) Vala mikser tassi ja naudi!

96. Ananassi ingveri mahl

Valmistab: 4 portsjonit

KOOSTISOSAD:

- 4 tassi ananassitükke ühest keskmisest ananassist
- 2 tolli ingverijuurt pestakse ja hakitakse jämedalt
- 1 sidrun
- 1 tass jääd
- 2 supilusikatäit meresamblageeli
- 2 tassi vett

JUHISED:

a) Asetage koostisosad blenderisse.

b) Blenderda ühtlaseks pastaks. Viljaliha eemaldamiseks ajage see läbi peene sõela või marli.

c) Serveeri kohe.

97. Arbuusi meresambla jook

Valmistab: 2 portsjonit

KOOSTISOSAD:

- 2 tassi arbuusimahla
- 2 supilusikatäit meresamblageeli
- Mint
- ½ laimi

JUHISED:

a) Lisage tassi Sea Mossi geel, piparmünt ja laim ning segage.
b) Vala arbuusimahl tassi.
c) Vajadusel lisa jääd.

98. Merisambla limonaad

Valmistab: 2 portsjonit

KOOSTISOSAD:

- 5 sidrunit
- 4 supilusikatäit meresambla geeli
- 3 tassi vett
- 1 tass mett lihtsat siirupit
- 1 tass samblavett

JUHISED:

a) Valmistage Sea Moss Gel
b) Sega sidrunimahl ja merisammalvesi
c) Lisa Sea Moss Gel
d) Lisa mesi lihtne siirup
e) Sega korralikult läbi ja naudi!

99. <u>Apelsini mere sambla tee</u>

Valmistab: 2 portsjonit

KOOSTISOSAD:

- 1 liitrit allikavett
- 3 apelsini mahl (valikuline)
- $\frac{1}{2}$ supilusikatäit merisambla smuutisegu
- $\frac{1}{4}$ tassi B-klassi vahtrasiirupit või agaavinektarit

JUHISED:

a) Lisa kõik koostisained blenderisse.

b) Segage kõrgel tasemel

c) Puista peale kaneeli.

100. Merisambla limatõrjetee

Valmistab: 2 portsjonit

KOOSTISOSAD:

- 3 tassi vett
- 1 kaneelipulk
- 1 näputäis Cayenne'i pipart
- ½ supilusikatäit merisambla smuutisegu
- Tükelda 1 värske ingver, riivi

JUHISED:

a) Keeda kõik koostisained kokku, kurna ja lase umbes 10-15 minutit podiseda.
b) Lisa 1 võtmelaimi mahl.
c) Lase jahtuda ja joo soojalt.

KOKKUVÕTE

Rohkem kui 2000 aastat on inimesed merisammalt korjanud ja kasutanud seda kõige raviks alates külmetushaigusest kuni valudeni. On avastatud, et merisammal sisaldab tohutult 92 102 mineraalainest, mida meie keha vajab õitsenguks, sealhulgas joodi, rauda, tsinki ja palju muud. Selle lisamine oma dieeti võib aidata vähendada põletikku, vabastada keha liigsest limast ning parandada hingamisteid ja seedetrakti.

Palju õnne, olete jõudnud raamatu ÜLIMAALNE MERESAMMAL KOKARAAMAT lõppu! Loodame, et olete nautinud merevetikate ja Seamossi uskumatu maailma avastamist ning leidnud rohkelt inspiratsiooni selle toitainerikka koostisosa lisamiseks oma igapäevasesse toiduvalmistamisesse.

Teame, et vetikatega valmistamine võib mõne jaoks olla uus kogemus, kuid loodame, et see kokaraamat on näidanud, kui mitmekülgne ja maitsev see koostisosa võib olla. Ükskõik, kas soovite oma einete toiteväärtust suurendada, roogadele ainulaadset maitset lisada või uusi kulinaarseid horisonte uurida, on merevetikad teie köögis fantastiline koostisosa.

Pidage meeles, et merevetikate eduka toiduvalmistamise võti on kvaliteetsete vetikate valimine, retseptide täpne järgimine ning erinevate maitsete ja tekstuuride katsetamine, et luua oma unikaalseid roogasid. Meile meeldiks kuulda teie vetikate valmistamise seiklustest,

Ja kui teile see kokaraamat meeldis, vaadake kindlasti meie teisi pealkirju maitsvamate retseptide ja kulinaarse inspiratsiooni saamiseks. Täname, et meiega sellel teekonnal liitusite, ja head kokkamist

Merisammal on tõeline mere aare ja on aeg sammalduda!

Milton Keynes UK
Ingram Content Group UK Ltd.
UKHW020612310723
426070UK00008B/38